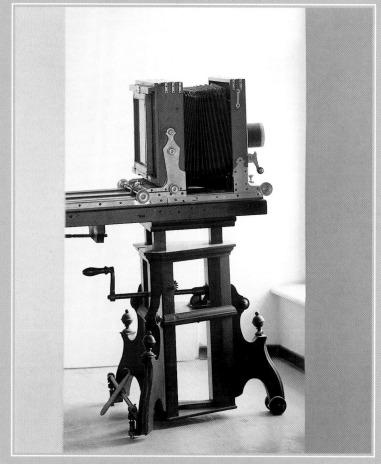

1 V rodnom dome a Múzeu Jozefa M. Petzvala

Interior of the family house and museum of Jozef M. Petzval
Im Geburtshaus und Museum Jozef M. Petzvals

2 Dva z mojich veľkoformátových objektívov

Two of my oversized focal lenses
Zwei meiner großformatigen Objektive

MIRO GREGOR
SLOVENSKO
SLOVAKIA · SLOWAKEI

Vydavateľstvo Osveta
Osloboditeľov 21, 036 54 Martin, SR

Prebal, väzba a grafická úprava Miro Gregor
Redaktorka Libuša Chrásteková
Výtvarný redaktor Peter Ďurík
Technický redaktor Ján Lomenčík

Sadzbu a litografie vyhotovil Neotype, s. r. o., Martin
Vytlačila Neografia, a. s., Martin

Vydanie 1.

< 3   Vysoké a Belianske Tatry od Matiašoviec (titulná dvojstrana)

The High Tatras and Belianske Tatras as seen from Matiašovce (title double-page)
Die Hohe Tatra und die Belaer Tatra von Matiašovce aus (Titel-Doppelseite)

ISBN 80-217-0518-3

VITAJTE!

Slovensko je čarokrásna krajina v skutočnom geografickom strede Európy. Na malom území (46 036 km^2) je tu sústredené všetko, čo len krajina a príroda (okrem mora) môže poskytnúť.

Z dolín vystupujeme na vŕšky, hrebene hôr i veľhôr a s obdivom pozeráme do dolín. Tá nádhera, to všetko pod nami i vôkol nás je naša čarokrásna, milovaná vlasť. Plavíme sa po riekach, kúpeme sa v priehradných, či liečime v termálnych vodách. Lezieme po závratných skalných stenách, zostupujeme do podzemných jaskýň. Úrodné roviny, na drevnú hmotu i zver bohaté lesy, chránené územia i národné parky tvoria rámec tejto prekrásnej krajiny. Príroda Slovenska je neuveriteľne rozmanitá. Poskytuje, najmä v horských údoliach, takmer za každou zákrutou nové pohľady a neopakovateľné scenérie. Počasie býva väčšinou mierne, takže slovenská krajina a príroda býva prívetivá v každom ročnom období. Máme slovansky pohostinné srdcia i povahy, a preto sú u nás vítaní všetci, ktorí k nám prichádzajú s dobrým úmyslom.

Hrubé múry kláštorov, hradov, kostolov a ďalších stavieb na dávnej križovatke európskych ciest patria k mlčanlivým svedkom bohatej slovenskej histórie. Kamenné stavby alebo ich fragmenty sa zachovali, len ich tvorcovia dávno odišli do minulosti. Koho a čo spomínať?

Našu kresťanskú tradíciu, zviazanú s tvorcami staroslovenskej abecedy – Konštantínom a Metodom, ktorí preložili Písmo sväté do staroslovenčiny ako štvrtého najstaršieho liturgického jazyka? Rimanov, ktorí sa na cestách za výbojmi zapísali už v 2. storočí na trenčiansku hradnú skalu? Našu prvú, teda Samovu ríšu (623–658 n. l.)? Naše knieža Pribinu, kráľa Svätopluka a jeho odkaz svornosti synom? Staroslávnu, veľkoslovenskú ríšu, historickú Nitru a prvé slovenské biskupstvo (od roku 880)? Vpád maďarských kočovných kmeňov z Ázie do nášho teritória, drancovanie Slovenska Tatármi a Turkami, tisícročnú nadvládu Uhorska či protihabsburské, roľnícke alebo národnooslobodzovacie povstania?

Slováci vo svojej skoro tisícpäťstoročnej histórii nikoho nedrancovali ani nekolonizovali. Aj preto sú naše stavby skromnejšie ako, povedzme, objekty talianskej renesancie či vrcholy európskej gotiky. A predsa máme zachované stredoveké mestá i dielňu, ktorá nepretržite vyše 650 rokov razí mince. Je tu všeličo, čo si žiada oveľa hlbšie štúdium i poznanie, súvisiace aj s námetmi tejto knihy. Neslobodno zabudnúť ani na novšiu slovenskú národnú históriu (od štúrovcov počínajúc), ktorá je kľúčom k nášmu súčasnému životu.

Na Slovensku vždy žil zbožný a pracovitý ľud. Žiaľ, nie všetkých mohla rodná zem uživiť. Kroky slovenských drotárov križovali veľkú časť Európy. Dokonca až na mesačný povrch ako prvý pozemšťan vystúpil roku 1972 potomok slovenského kysuckého vysťahovalca do Ameriky – astronaut, kapitán Eugene Andrew Cernan, ktorý sa hrdo hlási k svojmu slovenskému pôvodu.

Drevo, kameň, železo, drôt, hlina, tkáčsky stav, ihla, textil, ľudový odev i slávnostný kroj spolu s hudbou, tancom a spevom predstavujú základ mimoriadne tvorivo rozvinutej ľudovej kultúry. Dá sa povedať, že čo dolina, to iný kroj, iná melodická slovenská pieseň. Aj vďaka generačnému ľudovému odkazu Slováci prežili útrapy stáročného útlaku a zachovali si svoju jedinečnosť napriek tomu, že polovica všetkej populácie slovenských rodákov žila a žije v emigrácii.

Čas a koleso dejín po druhej svetovej vojne nanovo rozdelili Európu. Slovensko bolo súčasťou Česko-Slovenskej republiky a trvalo viac ako štyridsať rokov, kým Slováci opäť nadobudli právo i možnosť rozhodovať sami o sebe vo vlastnom štáte.

Od 1. januára 1993 sa Slovensku otvorila cesta k samostatnej štátnosti. Treba si len priať, aby sme v tejto voľbe mali všestranne šťastnú ruku. Aby Slováci rozvinuli dlho potláčané a umlčiavané sebavedomie, úspešne pretvárali svoju krajinu a priaznivo predurčili aj osudy svojich budúcich generácií v geopolitickom priestore Európy.

Teraz, keď Slovensko dôverne poznám, viem, že ono celé je chrám s tisícimi premenami. S láskou i skúsenosťami Vám chcem fotografickým dielom priblížiť, čím je táto krajina jedinečná pre nás Slovákov a zaujímavá pre cudzincov. Obmedzený obrazový i textový priestor mi ani zďaleka neumožňuje ukázať a povedať všetko, čo by sa mi žiadalo. Táto kniha má byť preto skromnou pozvánkou na pohodlné obrazové putovanie po mojom rodnom Slovensku, mojom veľkom fotografickom ateliéri.

MIRO GREGOR

WELCOME!

Slovakia is a charming country situated in the exact geographical centre of Europe. Everything that a country and its nature can ever provide – with the exception of a sea – is concentrated in this small territory (46,036 square kilometres).

Having climbed hills and mountain ranges we can look with admiration to the valleys below. All that splendour around and beneath us is our beautiful and cherished mother-country. We navigate its rivers, swim in its reservoirs or heal illnesses in its thermal waters. We ascend dizzying rock faces and descend to subterranean caves. The setting of this lovely country is formed by fertile lowlands, forests rich in wood and game, protected areas and national parks. Slovakia's nature is incredibly varied. Hidden behind practically every bend are new views with matchless scenery, especially in the mountains. The hearts and natures of our people are typically Slavonic being hospitable and gracious to everyone who comes here with good intentions.

Situated on an ancient European crossroads the thick walls of monasteries, castles, churches and other buildings bear silent witness to Slovakia's rich history. Stone buildings and ruins have been preserved, only their creators having gone. Who and what should be mentioned?

Our Christian tradition, connected as it is with Cyril and Methodius, the creators of the Old Slavonic alphabet and translators of the Holy Scriptures into Old Slavonic, the fourth oldest liturgical language? Or the Romans who, during their incursions in the 2nd century, made their mark on the rock of Trenčín castle? Our first ever kingdom, that of Samo (623–658 A.D.)? Our duke Pribina, king Svätopluk and the message of unity which he left to his sons? The time-honoured Great Moravian empire, the historic city of Nitra and the first Slovak diocese (founded in 880)? The invasion of our territory by nomadic Magyar tribes from Asia or the plunder of Slovakia by the Tartars and Turks, the thousand years' dominance by Hungary or the anti-Habsburg, emancipation uprisings by the peasants?

The Slovaks have never plundered or colonized any territory in their 1500 year history. As a consequence our buildings are more modest then those of the Italian Renaissance or the great works of the European Gothic style... And yet there are some well-preserved medieval towns one of which has a mint which has been continuously producing coins for 650 years. There are many things that require more thorough research and knowledge and which are connected with the subject-matter of this book. At the same time our more recent history (beginning with the generation of Štúr), being the key to the present, must not be forgotten either.

Although there have always been pious and hardworking people living in this country, unfortunately their mother-country has not always been able to provide sustenance for all of them. The tinkers from Slovakia roamed a major part of Europe. Even the surface of the Moon was reached for the first time by a descendant of Slovak emigrants from the Kysuce region, captain Eugene Andrew Cernan, who proudly declares himself to be of Slovak origin.

Wood, stone, iron, wire, clay, looms, needles, textiles, folk costumes, as well as costumes for special occasions, have all formed a basis for the development of an extraordinarily creative folk culture. It is accurate to say that every valley has a different folk costume and a different Slovak melody. Despite the hardships of hundreds of years of oppression, the Slovaks have survived and still preserve their uniqueness, thanks to the heritage of previous generations and despite the fact that half of the worldwide Slovak population lived and still lives in other countries.

The circumstances of the postwar period and the wheel of history divided Europe anew after WW II. Slovakia become a part of the Czecho-Slovak Republic and remained so for *more than forty years until the Slovaks regained the opportunity and the right to take decisions for themselves with in their own state.*

The road to Slovakia's independence was begun on January 1, 1993. What should now be hoped for is that we were fortunate in our choice and that now we can successfully develop our long-suppressed and silenced self-confidence allowing us to successfully reshape our country and favourably direct the fate of future generations of Slovaks on the European political scene.

Now that I know Slovakia intimately I see it as a temple of many changes. As a Slovak let me share my love and experience to elucidate what is so unique for Slovaks and so interesting for foreigners about this country. The limited space available for both graphics and text makes it difficult to describe what I would like to. So the aim of this book is to extend a modest invitation to wander around my native country, and enjoy this great photographic studio from the comfort of your home.

MIRO GREGOR

HERZLICH WILLKOMMEN!

Die Slowakei ist ein wunderschönes Land im wirklichen geographischen Mittelpunkt Europas. Auf einem kleinen Gebiet von 46 036 km^2 ist hier alles konzentriert, was das Land und seine Natur zu bieten hat, mit Ausnahme des Meeres.

Aus den Tälern steigen wir auf die Hügel, die Grate der Gebirge und Hochgebirge empor und schauen mit Bewunderung in die Täler hinab. Diese Pracht, dies alles zu unseren Füßen und rings um uns, ist alles unsere wunderschöne, heißgeliebte Heimat. Wir schwimmen in den Flüssen, baden in den Stauseen oder kurieren uns in den Thermalwässern. Wir klettern über schwindelnde Felswände und steigen in unterirdische Höhlen hinab. Fruchtbare Ebenen, Wälder, reich an Holz und Wild, Naturschutzgebiete und Nationalparks bilden den Rahmen dieses wunderschönen Landes. Die Natur der Slowakei ist unglaublich mannigfaltig. Sie bietet besonders in den Gebirgstälern fast hinter jeden Kurve neue Aussichten und unwiederholbare Szenerien. Die Witterung pflegt meist mild zu sein, so daß die slowakische Landschaft und Natur zu jeder Jahreszeit freundlich ist. Wir haben slawisch gastfreundliche Herzen und Gemüter und deshalb sind uns alle willkomen, die in guter Absicht zu uns kommen.

Die mächtigen Mauern der Klöster, Burgen, Kirchen und anderer Bauten, die an den alten Kreuzungen europäischer Straßen stehen, gehören zu den stummen Zeugen der reichen slowakischen Geschichte. Steinerne Bauten oder ihre Fragmente blieben erhalten, nur ihre Schöpfer sind lange schon in der Vergangenheit verschwunden. Wen und was sollen wir davon erwähnen?

Unsere christliche Tradition, verbunden mit den Schöpfern des altslowenischen Alphabets Konstantin und Methodius, die die Heilige Schrift ins Altslowenische übersetzten, als der vierten ältesten liturgischen Sprache? Die Römer, die auf ihren Eroberungszügen sich schon im 2. Jahrhundert auf dem Burgfelsen von Trenčín verewigt haben? Unser erstes Staatswesen, das Reich Samos (623–658 n. d. Ztw.)? Unseren Fürsten Pribina, den König Svätopluk und sein Vermächtnis zur Eintracht seiner Söhne? Die altberühmte historische Stadt Nitra und das erste slowakische Bistum (seit dem J. 880)? Den Einfall der madjarischen Nomadenstämme aus Asien in unser Territorium, die Brandschatzung der Slowakei durch die Tataren und Türken, die tausendjährige Oberherrschaft Ungarns oder die antihabsburgischen, Bauern- oder Volksbefreiungsaufstände?

In ihrer fast tausendfünfhundertjährigen Geschichte haben die Slowaken niemanden geplündert oder kolonisiert. Auch deshalb sind unsere Bauten bescheidener als z. B. die Objekte der italienischen Renaissance oder die Gipfel der europäischen Gotik. Und trotzdem besitzen wir wohlerhaltene mittelalterliche Städte und eine Werkstatt, in der über 659 Jahre lang Münzen geprägt werden. Es gibt hier so mancherlei, das eines viel eingehenderen Studiums wert wäre, auch im Hinblick auf die Sujets dieses Buches. Man darf auch die neuere slowakische nationale Geschichte nicht vergessen, die mit dem Wirken Ľudovít Štúrs und seiner Gefolgsleute beginnt und der Schlüssel zu unserem heutigen Leben ist.

In der Slowakei lebte immer ein frommes und arbeitsames Volk. Leider vermochte die Heimaterde nicht immer alle ihre Kinder zu ernähren. Die Schritte der slowakischen Rastelbinder kreuzten einen großen Teil Europas. Sogar bis auf den Mond gelangte als erster Erdenbürger im J. 1972 ein Nachkomme slowakischer Auswanderer nach Amerika – der Astronaut Kapitän Eugene Andrew Cernan, der sich stolz zu seiner slowakischen Herkunft bekennt.

Holz, Stein, Eisen, Draht, Lehm, Webstuhl, Nadel, Textil, Volkstracht und Feiertagskleidung im Verein mit Musik, Tanz und Gesang bilden die Grundlage der *außergewöhnlich schöpferischen Volkskultur. Es kann mit Recht gesagt werden: jedes Tal trägt eine andere Tracht, singt ein eigenes slowakisches Lied. Auch dank dieses volkstümlichen, von Generation zu Generation überlieferten Vermächtnisses überlebten die Slowaken die Drangsale einer jahrhundertelangen nationalen Bedrückung und bewahrten sich ihre Eigenart, obwohl die Hälfte der slowakischen Bevölkerung in der Emigration lebte und noch lebt.*

Die Zeit und das Rad der Geschichte hat nach dem zweiten Weltkrieg Europa von neuem aufgeteilt. Die Slowakei war nach dem ersten Weltkrieg ein Teil der Tschecho--slowakischen Republik und es dauerte länger als vierzig Jahre, bis die Slowaken das Recht und die Möglichkeit erlangten, selber über ihr Schicksal in einem eigenen selbständigen Staat zu entscheiden.

Seit dem 1. Januar 1993 eröffnete sich der Slowakei der Weg zu einem selbständigen Staat. Es bleibt nur zu wünschen, daß wir bei dieser Wahl eine allseits glückliche Hand hatten. Damit die Slowaken ihr lang unterdrücktes und totgeschwiegenes Selbstbewußtsein entfalten, ihr Land erfolgreich umgestalten und auch die Schicksale ihrer kommenden Generationen im geopolitischen Raum Europas günstig gestalten können.

Jetzt, da ich die Slowakei vertraut kenne, weiß ich, daß sie in ihrer Gesamtheit ein Dom mit tausenden Wandlungen ist. Mit Liebe und Erfahrung will ich Ihnen mit meinem fotografischen Werk nahebringen, wodurch dieses Land für uns Slowaken so einzigartig ist und zugleich so interessant für Ausländer. Der beschränkte Raum für Bilder und Texte ermöglicht es mir bei weitem nicht, das zu zeigen und zu sagen, was ich so gern zum Ausdruck bringen möchte. Dieses Buch will daher nur eine bescheidene Einladung sein zu einer bequemen Bilderwanderung durch meine heimatliche Slowakei, durch mein großes fotografisches Atelier.

MIRO GREGOR

SLOVENSKO

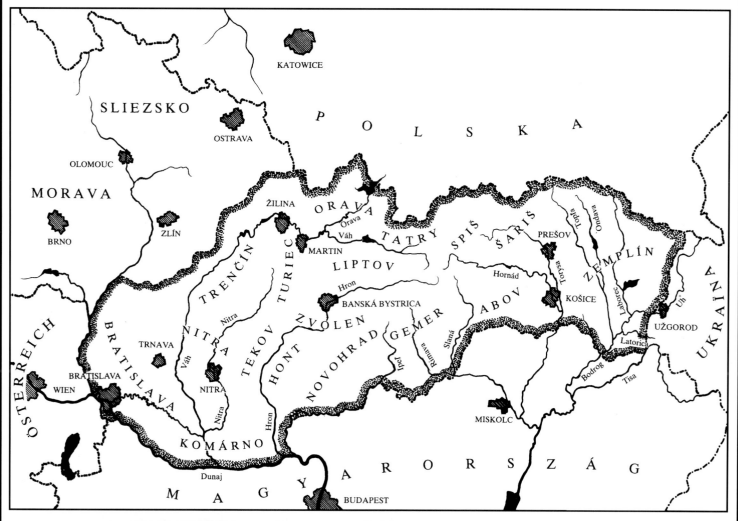

1/ ROZPRÁVKOVÁ KRAJINA

Na planéte Zem, od Suchohradu po Zboj, je moja rodná a cestičiek veľa, to Slovensko moje s lonom ešte trávnatým, tá najmilšia krajina moja. Treba ju prejsť naskutku krížom-krážom: aj zubaté slniečko do dlane chytať, či s očami dokorán letieť ňou... Prechádzať alejami známych stromoradí, optikou dotýkať sa kvetov, plodov i návrší, alebo len tak si niekam do neznáma ísť a myslieť na tých, čo sú nám najmilší...

Pritom so srdcom bohatším o rozmer, čo nám dáva čas, ten bežec stály, citlivo hľadať v rodnej reči tie najkrajšie slová chvály.

Aby nič nemohlo byť viac.

1/ A FAIRY-TALE COUNTRY

My native land, my dearest Slovakia, full of joy, with plentiful little paths and bosom still full of juicy grass stretches on the Earth from Suchohrad to Zboj. We should truly crisscross it back and forth, clasp the sunbeams in our hands, or fly with eyes open wide over its lands... walk down familiar alleys and lanes, kiss its flowers and fruits and touch the hill tops and the plains, or just wander into the unknown, thinking of those dearest to us...

And with the heart enriched with that dimension given to us by time, that relentless wanderer, we should seek in our native tongue the prettiest words of praise.

So that nothing could ever be more.

1/ MÄRCHENLAND

Auf dem Planet Erde, von Suchohrad bis Zboj, erstreckt sich meine Heimat und es gibt viele Wege in dieser meiner Slowakei mit ihrem noch mit Gras bedeckten Schoß, in diesem meinem liebsten Land. Man muß es wirklich kreuz und quer durchwandern, auch die zackige Sonne in die Hand nehmen oder mit weit offenen Augen über mein Land fliegen... Die Alleen bekannter Baumreihen durchschreiten, mit der Optik Blumen, Früchte und Anhöhen berühren oder auch nur so einfach ins Ungewisse wandern und an jene denken, die für uns die Liebsten sind...

Dabei mit einem Herzen, das um eine Dimension reicher ist, die uns die Zeit verleiht, dieser unermüdliche Läufer, feinfühling der Muttersprache nach den schönsten Lobesworten suchen.

Damit nichts noch mehr sein kann.

In the Slovak countryside
In der slowakischen Landschaft

5   Sútok Dunaja a Moravy z Devínskeho hradu

Confluence of the Danube and the Morava rivers from the Devín castle
Die Mündung der March in die Donau von der Burg Devín aus

6 >   Ráno na hraničnej rieke Morave

Morning on the border river Morava
Morgen auf dem Grenzfluß March

< 7   Okolie Gašparovej v Malých Karpatoch

The environs of Gašparová in the Little Carpathians
Die Umgebung von Gašparová in den Kleinen Karpaten

8   Bezovec, panoráma časti Považského Inovca

Bezovec, panorama of a part of Považský Inovec
Der Berg Bezovec im Panorama des Gebirges Považský Inovec

9 Podvečerná nálada z Turca

Early-evening mood in the Turiec region
Vorabendstimmung im Turiec-Gebiet

10   Gerlachovský štít v strede tatranskej panorámy

The Gerlach Mount in the centre of the Tatran panorama
Die Spitze Gerlachovský štít inmitten des Tatrapanoramas

11 >   Podvečer na priehrade Veľká Domaša

Early evening on the Veľká Domaša reservoir
Vorabend auf dem Stausee Veľká Domaša

< 12   Slovenský raj a Hnilecké vrchy z Kráľovej hole

Slovenský raj and the hills of Hnilec as seen from Kráľova hoľa
Slovenský raj (Slowakisches Paradies) und die Berge Hnilecké vrchy vom Gipfel Kráľova hoľa aus

13   Vysoké Tatry: chodník z Veľkej Svišťovky k Zelenému plesu

The High Tatras: a pathway from Veľká Svišťovka to Zelené pleso
Die Hohe Tatra: der Fußsteig von der Spitze Veľká Svišťovka bis zum Bergsee Zelené pleso

< 14   Na Seneckých jazerách pri Bratislave

On the Senec lakes near Bratislava
Auf den Baggerseen von Senec bei Bratislava

15   Zvyšok obce Liptovská Mara, zatopenej vodami priehrady

The remnant of Liptovská Mara, a village submerged by the waters of the reservoir
Ein Überbleibsel der Gemeinde Liptovská Mara, die vom Wasser des gleichnamigen Stausees
überflutet wurde

Liptovská Mara a časť krajiny okolo vodného diela

Liptovská Mara lake and the surrounding landscape
Liptovská Mara und ein Teil der Landschaft rings um das Wasserkraftwerk

17 V pravej plavebnej komore Gabčíkovského stupňa

In the right lock of the Gabčíkovo canal
In der rechten Schleusenkammer der Stufe von Gabčíkovo

18 > Hlavný tok Dunaja v Hrušove pred zatopením územia

The main channel of the Danube at Hrušov before the area was submerged
Der Hauptstrom der Donau in Hrušov vor der Überflutung des Gebietes

19   Lúčky, kúpanie pod travertínovými kaskádami

Lúčky, bathing under the travertine cascades
Lúčky, beim Baden unter den Travertinkaskaden

20 >   Termálne kúpaliská v Kováčovej pri Zvolene

The thermal swimming-pools at Kováčová near Zvolen
Die Thermalbäder in Kováčová bei Zvolen

21   Kriváň (2 494 m) zo Všivákov v Západných Tatrách

Kriváň (2,494 m) as seen from Všiváky in the West Tatras
Die Spitze Kriváň (2494) vom Berg Všiváky in der Westlichen Tatra aus

Volovec Mengusovský od Mengusovského potoka

23 Vysoké Tatry – Symbolický cintorín pod Ostrvou

Volovec Mengusovský viewed from Mengusovský creek

Die Spitze Volovec Mengusovský vom Bach Mengusovský potok aus

The High Tatras – the Symbolic Cemetery below Ostrva

Die Hohe Tatra – der Symbolische Friedhof am Fuß der Spitze Ostrva

< 24   Kriváň z Veľkej kopy Garajovej   25   Panoráma Bielovodskej doliny vo Vysokých Tatrách

The Kriváň peak as seen from Veľká kopa Garajova   Panorama of the Bielovodská valley in the High Tatras
Die Spitze Kriváň vom Berg Veľká kopa Garajova aus   Panorama des Tales Bielovodská dolina in der Hohen Tatra

26   Svah Kvetnicovej veže a Sliezsky dom v rannom svetle

The slope of the tower Kvetnicová veža and Silesian House in the morning light
Der Abhang der Spitze Kvetnicová veža und das Berghotel Sliezsky dom (Schlesierhaus) im Morgenlicht

27 >   Vodopády Veľkého Studeného potoka vo Vysokých Tatrách

The waterfalls on Veľký Studený creek in the High Tatras
Die Wasserfälle des Baches Veľký Studený potok in der Hohen Tatra

28 >>   Vodopád Večný dážď vo Velickej doline

The waterfall Večný dážď (Perpetual Rain) in the valley Velická dolina
Der Wasserfall Večný dážď im Tal Velická dolina

29 >>>   Lomnický a Kežmarský štít z Lomnického hrebeňa

The Lomnický and Kežmarský peaks from the Lomnický ridge
Die Spitzen Lomnický štít und Kežmarský štít vom Grat Lomnický hrebeň aus

< 30   Štrbské pleso a Nízke Tatry s Kráľovou hoľou v pozadí   31   Velická kopa z Tatranskej magistrály

Štrbské pleso and the Low Tatras with Kráľova hoľa in the background   Velická kopa as seen from the Tatra arterial road „Magistrála"
Der Bergsee Štrbské pleso und die Niedere Tatra mit dem Berg Kráľova hoľa im Hintergrund   Der Berg Velická kopa von der Tatra-Magistrale aus

< 32   Vysoké Tatry z Rysov (pohľad západným smerom)

The High Tatras viewed from Rysy (view to the West)
Die Hohe Tatra von der Spitze Rysy aus (Aussicht nach Westen)

33   Belianske Tatry pred búrkou

The Belianske Tatras before a storm
Die Belaer Tatra vor einem Gewitter

< 34   Panoráma Belianskych Tatier od poľských hraníc

The panorama of the Belianske Tatras as seen from the Polish border
Das Panorama der Belaer Tatra von der polnischen Grenze aus

35   Rysy, Vysoká a Ostrva od Štrbského plesa

Rysy, Vysoká and Ostrva as seen from Štrbské pleso
Die Spitzen Rysy, Vysoká und Ostrva vom Bergsee Štrbské pleso aus

< 36   Volovec a Ostrý Roháč od Tretieho Roháčskeho plesa   37   Jarné ráno na Oraviciach (s poľským Giewontom na horizonte)

Volovec and Ostrý Roháč as seen from the Third Roháče tarn   A spring morning at Oravice (with Polish Giewont on the horizon)
Die Spitzen Volovec und Ostrý Roháč vom Bergsee Tretie Roháčske pleso aus   Ein Frühlingsmorgen in Oravice (mit der polnischen Spitze Giewont am Horizont)

Oravská priehrada a Slanický ostrov v lete

The Orava reservoir – Slanický island in summer
Der Stausee Oravská priehrada und die Insel Slanica im Sommer

39   Skalný útvar Mních v Tiesňavách Vrátnej doliny

Monk, a rock formation at Tiesňavy in Vrátna valley
Die Felsformation Mních (Mönch) in der Talenge Tiesňavy im Tal Vrátna dolina

40 >   Malá Fatra, jar pod Rozsutcom

Spring in the Little Fatra range, below Rozsutec
Die Kleine Fatra, Frühling am Fuß des Berges Rozsutec

　　Gotická brána v Súľovských skalách

42　　Sieň nazývaná Cintorín v Dobšinskej ľadovej jaskyni

The Gothic gate in the Rocks of Súľov

Ein gotisches Tor in der Felsengruppe Súľovské skaly

The Hall called Cintorín (Cemetery) in the Dobšinská Ice cave

Der „Cintorín" (Friedhof) genannte Saal in der Eishöhle von Dobšiná

◁ 43   Viacvrstvové lekná v Demänovskej jaskyni Slobody   44   V jaskyni Domica (neďaleko Plešivca)

Multi-layered mineralwater lilies in the Demänovská cave of Liberty   In the Domica cave (close to Plešivec)
Mehrschichtige Sinterseerosen in der Tropfsteinhöhle Demänovská jaskyňa Slobody   In der Höhle Domica (unweit von Plešivec)

Zimná rozprávka z Martinských hôľ

A winter fairy tale scene from the downs Martinské hole
Ein Wintermärchen in den Bergen Martinské hole

Babia hora, Rozsutec, Steny, Stoh a Hromové z Chlebu

Babia hora, Rozsutec, Steny, Stoh and Hromové viewed from Chleb
Die Berge Babia hora, Rozsutec, Steny, Stoh und Hromové vom Gipfel Chleb aus

< 47   Nízke Tatry (Chopok a Ďumbier) z Derešov

The Low Tatras (Chopok and Ďumbier) as seen from Dereše
Die Niedere Tatra (die Spitzen Chopok und Ďumbier) vom Gipfel Dereše aus

48   Ďumbier, Chopok, Dereše a Poľana spod vrcholu Sinej

Ďumbier, Chopok, Dereše and Poľana as seen from below the Siná peak
Die Spitzen Ďumbier, Chopok, Dereše und Poľana von unterhalb des Gipfels Siná

49   Vysoké a Belianske Tatry z hrebeňa Nízkych Tatier

The High Tatras and Belianske Tatras from the ridge of the Low Tatras
Die Hohe Tatra und die Belaer Tatra vom Grat der Niederen Tatra aus

50   Nová hoľa (1 370 m) na Donovaloch

Nová hoľa (1,370 m) on Donovaly
Der Berg Nová hoľa (1370 m) in Donovaly

51   Nízke Tatry: Vrbické pleso v Demänovskej doline

The Low Tatras: Vrbické pleso in Demänovská valley
Die Niedere Tatra: Der Bergsee Vrbické pleso im Tal Demänovská dolina

52   Západná časť Nízkych Tatier zo Salatína

The western part of the Low Tatras as seen from Salatín
Der westliche Teil der Niederen Tatra vom Berg Salatín aus

53   Tomášovský výhľad v Slovenskom raji

The Tomášov view in the Slovak Paradise
Die Aussicht Tomášovský výhľad im Slowakischen Paradies

54   Čierny kameň vo Veľkej Fatre z Veľkej Tureckej doliny

Čierny kameň in the Veľká Fatra from the Veľká Turecká valley
Der Berg Čierny kameň in der Großen Fatra vom Tal Veľká Turecká dolina aus

55 >   Zádielska dolina, štátna prírodná rezervácia

Zádielska valley, a State nature reservation
Das Tal Zádielska dolina, ein staatliches Naturschutzgebiet

56   Choč (1 611 m) a Prosečné spoza Podchočskej brázdy

Choč (1,611 m) and Prosečné as seen from behind Podchočská brázda
Der Berg Choč (1611 m) und Prosečné von hinter der Furche Podchočská brázda aus

57   Kráľovohoľské Tatry: Kráľova hoľa z Ondrejiska

The Tatras of Kráľova hoľa; Kráľova hoľa as seen from Ondrejisko
Die Tatra rings um den Berg Kráľova hoľa: Der Gipfel Kráľova hoľa vom Berg Ondrejisko aus

< 58   Slnečnicové pole v Ponitrí

A sunflower field in the area of the Nitra river-basin
Ein Sonnenblumenfeld im Nitra-Gebiet

59   Svahy Malých Karpát s vinohradmi

The slopes of the Little Carpathians with vineyards
Die Abhänge der Kleinen Karpaten mit ihren Weingärten

60   Kulháň, chránená rezervácia starých dubov   61 >   Dobročský prales v Slovenskom rudohorí

Kulháň, a protected reservation of old oak trees   Dobroč – a primeval forest in the Slovak Ore Mountains
Die Lokalität Kulháň, ein naturgeschützter Bestand alter Eichen   Der Urwald von Dobroč im Gebirge Slovenské rudohorie

Vodná plocha Ružínskej priehrady (spod Šivca)

The Ružín reservoir (below Šivec)
Die Wasserfläche des Stausees Ružín (am Fuß des Berges Šivec)

63	Pieniny – plavba na plti prielomom Dunajca

Pieniny – rafting through the Dunajec gorge
Das Pieninengebirge – eine Floßfahrt durch den Durchbruch des Flusses Dunajec

64   Pred východom slnka na Zemplínskej šírave

Before sunrise at Zemplínska šírava lake
Vor Sonnenaufgang auf dem Stausee Zemplínska šírava

2/   DOTYKY ČASU

*Mráz, vietor i dážď rozrúšajú skaly, slnko vysúša zem v neprestajnom
oblúku. V betliarskom parku sa chlapci hrajú o guľky v klobúku. Odkazy vlastníkov
plné sú roztrúsených znamení: tu sarkofág, tam erb či iniciály... Ktohovie, koľko
tajomstiev ešte ukrýva kamenná románska pamäť či renesančná nádhera stôp
pokroku vpísaných do architektúry?*

*V hradných nádvoriach trávy sa kolíšu, gotický oblúk zas drôtuje
pavúk... a tehly zo starých múrov na novú stavbu pozorne s dedom vyberá vnuk.*

K noblese dám vždy patril sluha i pán.

2/   TOUCHES OF TIME

*Frost, wind and rain cleave rocks, the sun dries the soil continuously. There are
boys playing for marbles in a hat in the park of Betliar. The former owners' messages consist of
many varied signs: a sarcophagus here, a coat of arms or just simple initials over there... Who
knows how many secrets there are still concealed in the Romanesque memory or in the
Renaissance splendour of progress's traces embodied in architecture?*

*The green grass is swinging in castle courtyards while the spider spins its web on
the Gothic arch... And a grandfather and his grandson carefully remove bricks from old walls to
build a new building.*

Where ladies have servants, and masters too.

2/   BERÜHRUNG MIT DER ZEIT

*Frost, Wind und Regen zerbröckeln die Felsen, die Sonne dörrt die Erde in einem
ununterbrochenen Kreislauf aus. Im Park von Betliar spielen die Knaben um Kugeln im Hut.
Die Vermächtnisse der Eigentümer sind voll von verstreuten Zeichen: hier ein Sarkophag, dort
ein Wappen oder Initialen... Wer weiß wieviele Geheimnisse noch jenes romanische Gedächtnis
birgt oder die Renaissancepracht der Spuren des Fortschritts, eingemeißelt in die Architektur?*

*In den Höfen der Burgen wiegen sich die Gräser im Wind, einen gotischen Bogen
spannt wiederum die Spinne... und Ziegel aus alten Mauern sucht aufmerksam zu einem neuen
Bau der Enkel mit dem Großvater.*

Zur Noblesse der Damen gehörte seit eh und je der Diener und der Herr.

Bzovík, inside the tower of a fortified cloister
Bzovík, im Turm des befestigten Klosters

The Beckov castle closes off the Považie valley
Die Burg Beckov schließt den Talgrund des Flusses Váh ab

The Topoľčany castle on the edge of Považský Inovec
Die Burg Topoľčany am Rande des Gebirges Považský Inovec

68   Trenčín, vstup do Trenčianskeho hradu

Trenčín, entrance to the Trenčín castle
Trenčín, der Eingang zur Burg Trenčín

69   Trenčiansky hrad od Váhu

The Trenčín castle as seen from the Váh river
Die Burg Trenčín vom Fluß Váh aus

70   Kazetový strop tzv. Zlatej sály v Bojnickom zámku

The panelled ceiling in the so-called Golden Hall at Bojnice château
Die Kassettendecke im sog. Goldenen Saal des Schlosses Bojnice

71 >   Nové schodište v Bojnickom zámku

A new stairway in the Bojnice
Das neue Stiegenhaus im Schloß Bojnice

< 72   Nádvorie kaštieľa v Topoľčiankach

The château courtyard at Topoľčianky
Der Hof des Schlosses in Topoľčianky

73   Nitriansky hrad, komplex budov na Hradnom vrchu

The Nitra castle, a complex of buildings on the Castle Hill
Die Burg Nitra, ein Gebäudekomplex auf dem Burghügel

Včasnorománska rotunda v Skalici

An early-Romanesque rotunda at Skalica
Frühromanische Rotunde in Skalica

75   Priečelie Dómu sv. Martina v Spišskej Kapitule

The facade of St Martin's Dome at Spišská Kapitula
Die Stirnwand des St.-Martinsdomes in Spišská Kapitula

76   Bíňa, poľovnícky motív v pôvodne románskom kostole

Bíňa (in the originally Roman church), a hunter's relief motif
Bíňa, ein Jägermotiv in der ursprünglich romanischen Kirche

77   Spišský hrad a Spišské Podhradie zo Spišskej Kapituly

The castle of Spiš and Spišské Podhradie as seen from Spišská Kapitula
Die Burg Spišský hrad (Zipser Burg) und die Ortschaft Spišské Podhradie von Spišská Kapitula aus

78   Hrad Lietava pri Žiline

The castle Lietava near Žilina
Die Burg Lietava bei Žilina

79 >   Starý hrad, dominanta pri Strečne

Starý hrad (Old Castle), a prominent feature near Strečno
Die Burg Starý hrad, eine Dominante bei Strečno

80 Hrad Strečno, národná kultúrna pamiatka

The Strečno castle, a national monument
Die Burg Strečno, ein nationales Kulturdenkmal

81 > Zrúcaniny stredovekého hradu Vršatec

The ruins of the medieval castle Vršatec
Die Ruine der mittelalterlichen Burg Vršatec

82   Zvolen, stredoveký kráľovský zámok

Zvolen, a medieval royal castle
Zvolen, das mittelalterliche Königsschloß

83 >   Zámok v Slovenskej Ľupči pri Banskej Bystrici

The manor at Slovenská Ľupča near Banská Bystrica
Das Schloß in Slovenská Ľupča bei Banská Bystrica

Budmerice, a house of Slovak writers
Budmerice, das Heim der slowakischen Schriftsteller

Novogotický kaštieľ v Rusovciach pri Bratislave

The neo-Gothic manor at Rusovce near Bratislava
Das neogotische Schloß in Rusovce bei Bratislava

< 86　　　Tesárske Mlyňany – kaštieľ v Arboréte

Tesárske Mlyňany – castle in Arboretum
Tesárske Mlyňany – das Schloß im Arboretum

87　　　Spišská Belá, kaštieľ v Strážkach

Spišská Belá, a castle at Strážky
Spišská Belá, das Schloß in Strážky

88   Smolenický zámok v Malých Karpatoch

89 >   Kaštieľ v Moravanoch nad Váhom pri Piešťanoch

The Smolenice castle in the Little Carpathians
Das Schloß Smolenice in den Kleinen Karpaten

The manor at Moravany nad Váhom near Piešťany
Das Schloß in Moravany nad Váhom bei Piešťany

The castle of Orava and the Orava river as seen from the north
Die Burg Orava und der Fluß Orava von Norden aus

The mine lake Klinger in Štiavnica hills
Der Grubenteich Klinger in den Bergen Štiavnické vrchy

92   Panoráma Banskej Štiavnice s Kalváriou a Novým zámkom

Panorama of Banská Štiavnica with the Calvary Hill and the New Castle
Das Panorama von Banská Štiavnica mit dem „Kalvarienberg" und dem Neuen Schloß

< 93   Piarska brána v Banskej Štiavnici

The Piarg Gate at Banská Štiavnica
Das Tor Piarska brána (Johannesberger Tor) in Banská Štiavnica

94   Kalvária v Banskej Štiavnici

The Calvary Hill at Banská Štiavnica
Der „Kalvarienberg" in Banská Štiavnica

◁ 97   Zvyšky hradu Plaveč

The remnants of the Plaveč castle
Die Reste der Burg Plaveč

98   Turniansky hrad na okraji krasovej planiny

The Turňa castle on a hill adjacent to a karst plateau
Die Burg Turňa am Rand eines Karstplateaus

101   Kremnica; reštaurovaný, pôvodne gotický Bellov dom

Kremnica, the authentically restored Gothic Bella's House
Kremnica, das restaurierte, ursprünglich gotische Bellasche Haus

102 >   Mestský hrad v Kremnici, národná kultúrna pamiatka

Kremnica's town castle, a national cultural monument
Die Stadtburg in Kremnica, ein nationales Kulturdenkmal

Text on the facade:

ERECTA PER ATAVOS
DE GENERE THVRZO

FAVORE GRATI NEPOTIS
HILARII EX COMITIBVS CSÁKY
EXSTITI RENOVATA

103   Priečelie Thurzovho domu v Levoči

The facade of Thurzo's House at Levoča
Die Stirnwand des Thurzohauses in Levoča

104 >   Poprad-Spišská Sobota, oltár od Majstra Pavla z Levoče

Poprad-Spišská Sobota, the altar by Master Paul of Levoča
Poprad-Spišská Sobota, ein Altar von Meister Paulus aus Levoča

105 > Levoča, Judáš z Poslednej večere od Majstra Pavla z Levoče

Levoča, Judas at the Last Supper, by Master Paul of Levoča
Levoča, die Gestalt des Judas vom Letzten Abendmahl von Meister Paulus aus Levoča

106 >> Apoštol Jakub od Majstra Pavla z Levoče

The apostle James by Master Paul of Levoča
Der Apostel Jakobus von Meister Paulus aus Levoča

109   Levoča, včasnorenesančný portál v dome na námestí

Levoča, the early-Renaissance portal in the house on the Square
Levoča, das Renaissanceportal eines Hauses auf dem Stadtplatz

110 >   Spišský Štvrtok, kostol sv. Ladislava s kaplnkou Zápoľskovcov

Spišský Štvrtok, St Ladislaus's church with the chapel of the Zapolya family
Spišský Štvrtok, die St.-Ladislauskirche mit der Kapelle der Adelsfamilie Zápoľský

111   Bardejov, v historickom strede mesta

112 >   Neskorogotická radnica v Bardejove

Bardejov, the historical center of the town
Bardejov, im historischen Stadtkern

The late-Gothic townhall in Bardejov
Das spätgotische Rathaus in Bardejov

Kežmarok, v nádvorí mestského hradu   114   Prešov, štuková výzdoba neskorobarokového domu

Kežmarok, in the courtyard of the town castle   Prešov, the stucco decoration on the late-Baroque house
Kežmarok, im Hof der Stadtburg   Prešov, die Stuckverzierung des spätbarocken Hauses

ANNO 1 62 8 ·
QVANDO OPVS EXTRVCTVM
FVDAMINE TOTO LADSA/SDE
ZINIE NOMEN DECVSB FVIT ~

CHRISTOPHORVS ZINIE
IVVAVIT OPEM FEREND O
MERZEIDV PATRIASORSVS
OBI REVICE S ~

E
DEM
OET

115   Renesančna veža kostola v obci Svinia

The Renaissance tower of the parish church at the village Svinia
Der Renaissancekirchturm in der Gemeinde Svinia

116 >   Podolínec, renesančná zvonica

Podolínec, a Renaissance belfry
Podolínec, der Renaissanceglockenturm

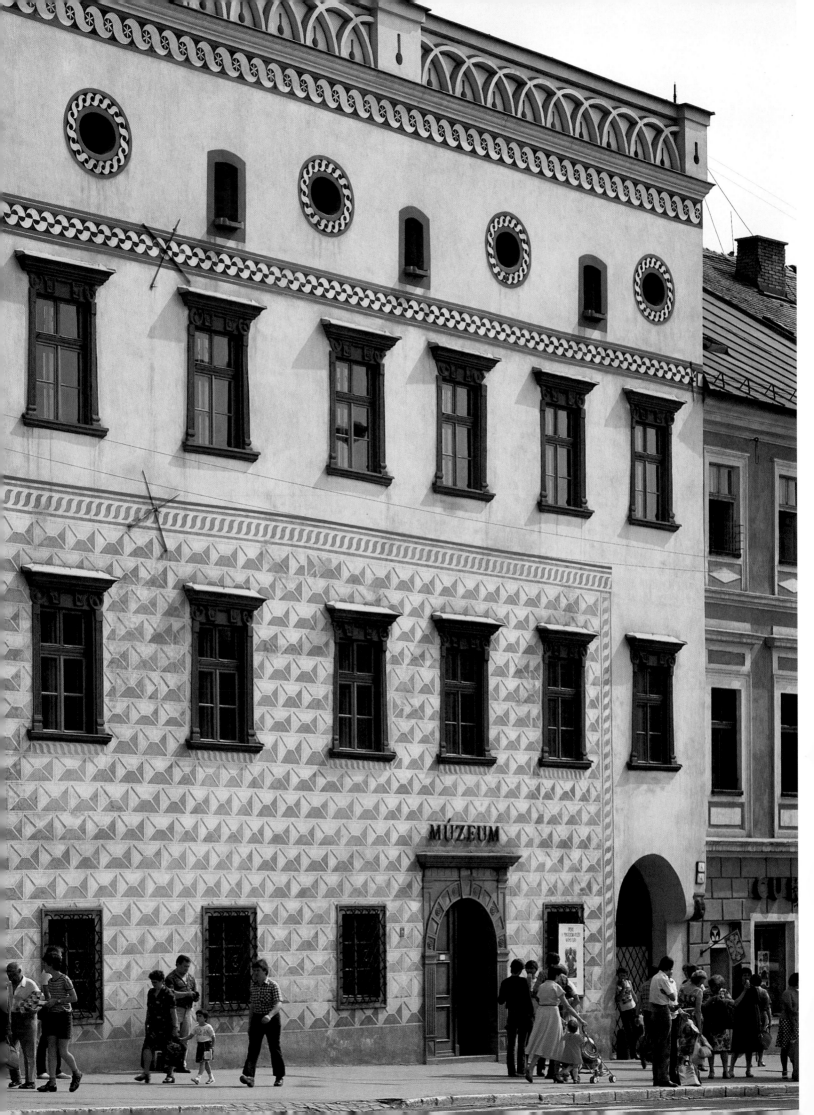

MÚZEUM

< 119   Thurzov dom (Mittelhaus) v Banskej Bystrici   120   Pôvodne renesančné domy na námestí v Žiline

Thurzo's House (Mittelhaus) at Banská Bystrica   Original Renaissance houses in the Square at Žilina
Das Thurzohaus (Mittelhaus) in Banská Bystrica   Die ursprünglichen Renaissancehäuser auf dem Stadtplatz in Žilina

121   Štátny hrad Červený Kameň, národná kultúrna pamiatka

The state-owned castle Červený Kameň, a national monument
Die staatliche Burg Červený Kameň, ein nationales Kulturdenkmal

122 >   Zrúcaniny Čachtického hradu (pri Piešťanoch)

The ruins of the castle of Čachtice (close to Piešťany)
Die Ruine der Burg Čachtice (bei Piešťany)

123   Bratislavský hrad z nádvoria (od severu)

The Bratislava Castle from the courtyard (as seen from the north)
Die Burg Bratislava vom nördlichen Schloßhof aus

Bratislava, anglické gobelíny v Primaciálnom paláci

Bratislava, English tapestries at the Primatial Palace
Bratislava, die englischen Gobelins im Primatialpalais

125   Bratislava, tzv. Pompejská sieň v Starej radnici

Bratislava, the Pompei Hall in the Old Town Hall
Bratislava, der sog. Pompejanische Saal im Alten Rathaus

< 126   Bratislava, Michalská veža v historickom jadre mesta

Bratislava, Michael's Tower in the town historical core
Bratislava, der Michaelsturm im historischen Stadtkern

127   Bratislava, portál paláca maršala Leopolda Pálfiho

Bratislava, the portal of Marshall Leopold Pálffy's palace
Bratislava, das Portal des Palastes des Marschalls Leopold Pálffy

128   Slovenské národné divadlo v Bratislave

The Slovak National Theatre in Bratislava
Das Slowakische Nationaltheater in Bratislava

129 >   Bratislava, vstupná hala s balustrádou v Grasalkovičovom paláci

Bratislava, the entrance hall with a balustrade at the Grassalkovich Palace
Bratislava, die Eintrittshalle mit einer Balustrade im Grassalkowichpalais

3/ O ĽUDOVEJ KRÁSE

Do lazov po známom chodníčku kamennom s nami hopká trasorítka, kŕdliku husičiek gágavých rajom je bystrá vodička plytká... V maličkom okienku drevenice zostal krucifix, pátričky i zabudnutý poldecák... A priestor a čas, tí najprísnejší strážcovia, nám ešte dovolia v Ždiari, Lendaku či na Pohroní privolať obrázky sveta, čo poznala stará mať...

Strážme ten nádherný čas, čas podvečerov, keď sa stmieva a hrabačiek počuť hlas slovenskej zeme, čo ešte spieva...

Nenahraditeľné je čaro dávneho domova.

3/ ON FOLK BEAUTY

A wagtail skips along with us up the rocky trail to remote farmsteads, the fast flowing water is shallow to a flock of goslings... There is a crucifix, a rosary and a forgotten noggin left in the tiny window of a loghouse. Space and time, the sternest of all the guards, still permit us to evoke images our grandmother used to know in the regions of Lendak, Ždiar and Pohronie.

Let us cherish those magnificent moments in the early evening when dusk begins to fall and within the rhyme of hay-making songs we can hear the voice of the Slovak soil that still sings...

Matchless is the charm of sweet old home.

3/ ÜBER VOLKSTÜMLICHE SCHÖNHEIT

Über den bekannten steinigen Weg hüpft mit uns die Bachstelze in die Rodeackersiedlungen, für die kleine Herde schnatternder Gänse ist das muntere, seichte Bächlein ein Paradies... Im kleinen Fenster des Holzhäuschens ist ein Kruzifix, ein Rosenkranz und ein Schnapsgläschen geblieben. Der Raum und die Zeit, diese strengsten Wächter, erlauben es uns noch, in Ždiar, in Lendak und im Pohronie-Gebiet jene Bilder von der Welt herbeizurufen, die unsere Großmutter kannte...

Hüten wir diese herrliche Zeit, die Zeit der Vorabende, wenn es dämmert und die Stimmen der Schnitterinnen zu hören sind, die Stimme der slowakischen Erde, die noch singt...

Unersetzlich ist der Zauber der alten Heimat.

< 133   Paličkovanie čipiek v Španej Doline

Bobbin-lace making at Špania Dolina
Das Spitzenklöppeln in der Ortschaft Špania Dolina

134   Okno domu vo Východnej počas folklórnych slávností

Window of a house at Východná during the folklore festival
Das Fenster eines Hauses in der Gemeinde Východná während des Folklorefestivals

135   Pred posledným zachovaným ľudovým domom v Štrbe

In front of the last preserved folk house at Štrba
Vor dem letzten erhaltenen volkstümlichen Haus in der Gemeinde Štrba

136   Bábika v tradičnom myjavskom ženskom odeve

A doll in Myjava dress with rich lace ornaments, typical costume for adult women of the region
Eine Puppe in der traditionellen Frauentracht von Myjava

137   Pozdišovce, výrobca ľudovej keramiky

Pozdišovce, a producer of traditionally decorated large ceramic vases
Pozdišovce, ein Hersteller volkstümlicher Keramik

138 >   Trnava, holíčska fajansa z Parrákovej zbierky

Trnava, Holíč faience from Parrák's collection
Trnava, Fayence von Holíč aus der Parrákschen Sammlung

139   Habánsky dom a krčah vo Veľkých Levároch

An Haban house and a jug at Veľké Leváre
Ein Habanerhaus und -krug in Veľké Leváre

140 >   Skalné obydlia v Brhlovciach (okres Levice)

Rock dwellings at Brhlovce (district of Levice)
Die Felsenbehausungen in Brhlovce (Kreis Levice)

141   Terchovský muzikant z „Jánošíkovho kraja"

A Terchová musician from „Jánošík's land"
Ein Musikant aus der Gemeinde Terchová, der „Jánošíks Region"

142 >   Detvanec na folklórnych slávnostiach pod Poľanou v Detve

A man from the village of Detva at a folklore festival below Poľana at Detva
Ein Bursche aus der Gemeinde Detva beim Folklorefestival am Fuß des Berges Poľana in Detva

143   Ľudový spevák Chvastek z Terchovej

The folk singer Chvastek from Terchová
Der volkstümliche Sänger Chvastek aus Terchová

144   Myjava, predvádzanie starých ľudových zvykov

Myjava, performance of traditional folk customs
Myjava, das Vorführen alter Volksbräuche

145   Ľudová architektúra v Čičmanoch, Radenov dom

Folk architecture at Čičmany, the Radena house
Volksbaukunst in Čičmany, das Haus der Familie Radena

146 >   Čičmianske ženy počas nakrúcania televízneho folklórneho filmu

Women of Čičmany during the shooting of TV folklore film
Die Frauen aus Čičmany bei der Aufnahme eines folkloristischen Fernsehfilms

147   Podbiel, oravské ľudové zrubové domy

Podbiel, log folk houses in the Orava region
Podbiel, volkstümliche Blockhäuser in der Region Orava

148 >   Šaľa, typ ľudového domu z južného Slovenska

Šaľa, a typical south-Slovakian folk house
Šaľa, der Typ eines südslowakischen volkstümlichen Hauses

149 >   Koceľovce, kovanie kostolných dverí pôvodne gotického portálu

Koceľovce, wrought ironwork on a door of an authentic Gothic church portal
Koceľovce, Türbeschläge eines ursprünglich gotischen Portals

150 >>   Stará Halič, renesančná drevená zvonica pri kostole

Stará Halič, a Renaissance wooden belfry near the church
Stará Halič, ein hölzerner Renaissanceglockenturm neben der Kirche

·s·Elizabet·

·Sebede·

·S·Johānes·bapt·

maria Salome·

·S·Jacobq·q·

◁ 151   Smrečany, detail maľby z bočného neskorogotického oltára

Smrečany, detail of a painting on the late-Gothic side altar
Smrečany, Detail eines Gemäldes vom spätgotischen Nebenaltar

152   Rimavské Brezovo, nástenná maľba zo 14. storočia

Rimavské Brezovo, a mural from the 14th century
Rimavské Brezovo, Wandgemälde aus dem 14. Jahrhundert

< 153   Náhrobník z Madačky, zo zbierok Etnografického múzea v Martine   154   Drevený kostol v Miroli

A tombstone from Madačka, from the collections of the Ethnographic Museum in Martin   The wooden church at Miroľa

Ein Grabstein aus Madačka, aus den Sammlungen des Ethnographischen Museums in Martin   Die Holzkirche in Miroľa

155 Svätý Kríž, artikulárny drevený ev. kostol zo zatopenej Paludze

156 > Interiér artikulárneho dreveného kostola v Hronseku pri Sliači

Svätý Kríž, wooden Ev. church, a reconstructed articular church from the submerged village Paludza

Svätý Kríž, die ev. Artikular-Holzkirche aus der überfluteten Gemeinde Paludza

Interior of the articular wooden church at Hronsek near Sliač

Das Interieur der Artikular-Holzkirche in Hronsek bei Sliač

157   Jedlinka, typ dreveného kostola východného rítu

Jedlinka, a type of wooden Eastern rite church
Jedlinka, der Typ einer Holzkirche des östlichen Ritus

158 >   Leštiny, artikulárny drevený ev. kostol

Leštiny, the articular wooden Evangelical church
Leštiny, die evangelische Artikular-Holzkirche

159   Kópie gotického rezbárstva vo Zvolenskom zámku

Copies of the Gothic wood-carving at Zvolen castle
Kopien gotischer Holzschnitzerei im Schloß Zvolen

160 >   Madona zo Sásovej (sv. Žofia), gotická maľba

Madonna from Sásová (St Sophia), a Gothic painting
Madonna aus Sásová (die Hl. Sophia), ein gotisches Gemälde

161   Bronzové dvere z vínnej pivnice Spišského hradu   162 >   Z expozície ikon Šarišského múzea v Bardejovských Kúpeľoch

A bronze door from a wine-cellar at Spiš castle   From the exhibition of Icons of the Šariš Museum at the Bardejov Spa
Die Bronzetür aus dem Weinkeller in der Zipser Burg   Aus der Ikonenexposition des Šarišer Museums im Kurort Bardejovské Kúpele

Lis na hrozno zo Sebechlebov

A wine-press from Sebechleby
Die Kelter aus Sebechleby

164 Sebechleby-Stará Hora, vinohradnícke domce a pivnice

Sebechleby-Stará Hora, vine-growers'cellars and houses
Sebechleby-Stará Hora, Winzerhäuschen und Weinkeller

< 165   Vlkolínec, dedina chránenej ľudovej architektúry

166   Bardejovské Kúpele, Múzeum ľudovej architektúry Šariša

Vlkolínec, a village with protected folk architecture
Vlkolínec, eine Dorfreservation der Volksbaukunst

The Bardejov Spa, an open-air museum of Šariš architecture
Bardejovské Kúpele, Museum der Volksbaukunst in der Region Šariš

< 167   Špania Dolina, banícky dom z 19. storočia

Špania Dolina, a 19th century mining house
Špania Dolina, das Bergarbeiterhaus aus dem 19. Jahrhundert

168   Ždiar, ľudový dom upravený na turistické ubytovanie

Ždiar, a dwelling house adapted for tourist accommodation
Ždiar, ein volkstümliches Wohnhaus, adaptiert zum Einquartieren von Touristen

Múzeum slovenskej dediny v Martine

Museum of the Slovak Village in Martin
Das Museum des slowakischen Dorfes in Martin

Ľudový trojpriestorový dom v Bartošovej Lehôtke

A three-storeyed folk house at Bartošova Lehôtka
Ein volkstümliches Dreiraumhaus in der Ortschaft Bartošova Lehôtka

171, 172 > Mladé ženy a muž v goralských krojoch z hornej Oravy

Young women and a man in Goral costumes from upper Orava
Junge Frauen und ein Mann in goralischer Tracht aus dem oberen Orava-Gebiet

◁ 173   Múzeum ľudovej architektúry Oravy v Brestovej pri Zuberci
174   Liptovské Revúce, drevený staroliptovský dom

The Museum of Folk Architecture of Orava at Brestová near Zuberec
Liptovské Revúce; an old Liptov wooden house
Das Museum der Volksbaukunst der Region Orava in Brestová bei Zuberec
Liptovské Revúce, ein altes Holzhäuschen in der Region Liptov

4/ STRETNUTIA STOROČÍ

Neprajníci nám predhadzovali, že sme nemali osobnosti, dejiny, vraj žili sme len tak pre seba, pre naše deti, rodiny. Aj my sme však mali svojich, čo za spravodlivosť pozdvihli svoj hlas, dávali nádej aj neistotám v nás. Život vždy potrebuje smelých, čo chcú a vedia ísť vpredu, burcujú národ, boria staré, objavujú neznáme, posúvajú poznanie, rozširujú vedu.

Svoje činy vždy len podľa najlepších prichodí nám merať: mladým v nádeji pre život a starým, keď treba sa zberať.

Čo nestihol otec, dokončí syn.

4/ WHEN GENERATIONS MEET

Our critics railed at us that we had no personalities; allegedly we lived just for ourselves, our children and families. And yet there were those among our people who lifted up their voice for justice and despite all the uncertainties gave us hope. Life always needs the brave who want to go ahead and can do so, rousing the nation, overthrowing what is old, discovering what is unknown and advancing knowledge and science.

We should always measure our deeds solely according to those of the best: the young generation is the hope of life, the old generation is about to leave.

What could not be done by a father, will be finished by his son.

4/ BEGEGNUNGEN DER JAHRHUNDERTE

Die Mißgünstigen warfen uns vor, wir hätten keine Persönlichkeiten, keine Geschichte gehabt, daß wir nur so für uns, für unsere Kinder, unsere Familien dahingelebt hätten. Aber auch wir hatten unsere Leute, die für die Gerechtigkeit ihre Stimme erhoben und auch den Unsicherheiten in uns Hoffnung gaben. Das Leben braucht immer Kühne, die voran gehen wollen und können, die Nation wachrütteln, das Unbekannte entdecken, die Erkenntnis voranschieben, die Wissenschaft erweitern.

Unsere Taten müssen wir an den Besten messen: den Jungen in der Hoffnung auf das Leben und den Alten wenn es heißt Abschied zu nehmen.

Was der Vater nicht erreicht hat, wird der Sohn vollenden.

< 175   Zvyšok železiarskeho hámra nad Nižným Medzevom

Remnants of an iron hammer-mill above Nižný Medzev
Die Reste eines alten Eisenhammerwerkes oberhalb der Gemeinde Nižný Medzev

176 Sirk-Červeňany, slovenská vysoká pec z 19. storočia

Sirk-Červeňany, a Slovak blast furnace from the 19th century
Sirk-Červeňany, ein slowakischer Hochofen aus dem 19. Jahrhundert

177 > Oheň neba a zeme nad Slovnaftom v Bratislave

Fire of heaven and earth glowing above Slovnaft in Bratislava
Das Feuer des Himmels und der Erde über dem chemischen Kombinat Slovnaft in Bratislava

< 178   Lesná úvraťová železnička v skanzene vo Vychylovke

Dead-end forest railway of the open-air museum at Vychylovka
Die Wendepunkt-Waldeisenbahn in Vychylovka

179   Stará lesná železnica pri Čiernom Balogu

The old forest railway track near Čierny Balog
Die alte Waldschmalspurbahn bei Čierny Balog

Dom kultúry

180   Skalica, prvý slovenský Dom kultúry

Skalica, the first Slovak House of Culture
Skalica, das erste slowakische Haus der Kultur

181 >   Považská Bystrica, vitráže Spoločenského domu

Považská Bystrica, vitrages of the Community Centre
Považská Bystrica, Vitragen des Gesellschaftshauses

Mohyla Milana Rastislava Štefánika na Bradle   Múzeum Slovenského národného povstania v Banskej Bystrici

Milan Rastislav Štefánik's mausoleum on Bradlo   The Museum of the Slovak National Uprising at Banská Bystrica
Der Grabhügel des Generals Milan Rastislav Štefánik auf der Felsklippe Bradlo   Das Museum des Slowakischen Nationalaufstandes in Banská Bystrica

Bratislava, the Slovak National Gallery
Bratislava, die Slowakische Nationalgalerie

ANDREJ KMEŤ
* 19. nov. 1841.
✝ 16. febr. 1908.

Vrúcne milo...
Božiu príro...
nad prírodu sta...
i prítomnos...
slovenského na...
nadovšetko Bo...

Náhrobník Andreja Kmeťa, prvého predsedu Slovenskej muzeálnej spoločnosti

Tombstone of the Slovak Museum Society's chairman Andrej Kmeť
Das Grabmal von Andrej Kmeť, den ersten Vorsitzenden der Slowakischen Musealgesellschaft

186 > V múzeu – ateliéri národného umelca Martina Benku v Martine

In the Museum – Atelier of the National artist Martin Benka
Im Museum – Atelier des Nationalkünstlers Martin Benka in Martin

187   Martin, detail tretej budovy Matice slovenskej na Hostihore

Martin, detail of the third building of the Slovak Foundation at Hostihora
Martin, Detail des dritten Gebäudes der Matica slovenská auf dem Hügel Hostihora

188   Veľká sála bývalého Domu odborov v Bratislave

The larger hall of the former Trade Union House in Bratislava
Der große Saal des ehemaligen Hauses der Gewerkschaften in Bratislava

189   Nové divadlo v Nitre

The new theatre in Nitra
Das neue Theater in Nitra

Divadlo Jonáša Záborského v Prešove

The Jonáš Záborský Theatre at Prešov
Das Jonáš-Záborský-Theater in Prešov

191   Sanatórium Ozón v Bardejovských Kúpeľoch

Ozón sanatorium in the Bardejov Spa
Das Sanatorium Ozón im Kurort Bardejovské Kúpele

192   Kolonáda v Bardejovských Kúpeľoch

The colonnade in the Bardejov Spa
Die Kolonade im Kurort Bardejovské Kúpele

193   Pax, liečebný dom v Trenčianskych Tepliciach   194 >   Sanatórium Krym a hotel Jalta v Trenčianskych Tepliciach

Pax sanatorium at Trenčianske Teplice   Krym sanatorium and the Hotel Jalta at Trenčianske Teplice
Das Kurhaus Pax in Trenčianske Teplice   Das Sanatorium Krym und das Hotel Jalta in Trenčianske Teplice

195   Liečebný dom Diamant v kúpeľoch Dudince

Diamant sanatorium at the spa of Dudince
Das Kurhaus Diamant im Kurort Dudince

196   Sanatórium Central v kúpeľoch Smrdáky na Záhorí

The Central sanatorium at the spa of Smrdáky in the Záhorie region
Das Sanatorium Central im Kurort Smrdáky im Záhorie-Gebiet

< 199   Piešťany, liečebný dom Balnea Esplanade

Piešťany, Balnea Esplanade sanatorium
Piešťany, das Kurhaus Balnea Esplanade

200   Piešťany, ubytovací komplex Thermia Palace

Piešťany, the Thermia Palace accommodation complex
Piešťany, der Quartierkomplex Thermia Palace

201   Budova kúpeľov Irma s bahniskom v Piešťanoch

The building of the Irma spa with mud bath at Piešťany
Das Gebäude des Kurhauses Irma mit dem Schlammbad in Piešťany

Nemocnica s poliklinikou v Banskej Bystrici

Hospital and Medical Clinic at Banská Bystrica
Das Krankenhaus mit der Poliklinik in Banská Bystrica

203   Bratislava, administratívna budova Incheby vo výstavnom komplexe

Bratislava, the administrative building of Incheba within a complex of exhibition buildings
Bratislava, das Verwaltungsgebäude der Incheba im Ausstellungskomplex

Stará Bratislava a výstavba Petržalky zo Slavína

Old Bratislava and housing construction at Petržalka from Slavín
Die Altstadt von Bratislava und die Neubauten im Stadtteil Petržalka vom Hügel Slavín aus

205 >   Bratislava, televízny vysielač na Kamzíku

Bratislava, the TV transmitter atop the Kamzík hill
Bratislava, der Fernsehsender auf dem Hügel Kamzík

206 >>   Stavebná fakulta Slovenskej technickej univerzity v Bratislave

The Faculty of Civil Engineering of the Slovak Technological University in Bratislava
Die Fakultät für Bauwesen der Slowakischen Technischen Universität in Bratislava

207   Univerzálna prevádzková budova v Bratislave-Petržalke

A universal operations building at Bratislava-Petržalka
Das universale Betriebsgebäude in Bratislava-Petržalka

208   Budova Slovenského rozhlasu v Bratislave

Slovak Radio Building in Bratislava
Das Gebäude des Slowakischen Rundfunks in Bratislava

209   Bratislava, Nový most a Dunaj z vtáčej perspektívy

Bratislava, a bird's eye view of the New Bridge and the Danube river
Bratislava, die Neue Brücke und die Donau aus der Vogelperspektive

Rokovacia sieň slovenského parlamentu

The conference hall of the Slovak Parliament
Der Beratungssaal des slowakischen Parlamentes

211   Národná rada Slovenskej republiky v Bratislave

The Slovak House of Parliament in Bratislava
Das Gebäude des Nationalrates der Slowakischen Republik in Bratislava

TEXTY K FOTOGRAFIÁM

1

V rodnom dome a Múzeu Jozefa M. Petzvala v Spišskej Belej: ateliérový fotoaparát z minulého storočia. Expozícia pripomína život a dielo významného slovenského matematika, univerzitného profesora, vynálezcu a spoluzakladateľa modernej fotografickej techniky a optiky. Žil v rokoch 1807–1891, zomrel vo Viedni. Odvtedy, čo pán Petzval vypočítal prvý svetelnejší objektív (roku 1840), keď expozícia jedného záberu trvala „len" 30 sekúnd, sa fotografická technika výrazne zmodernizovala. Ani nová technika však nenahradila tvorivé myslenie a konanie, také potrebné pri každej umeleckej práci.

2

Dva z mojich veľkoformátových objektívov, ktorými som nasnímal túto knihu. Pracoval som s fotoaparátmi Rolleiflex T, Mamiya RB 67 Pro–S i Linhof–Kardan 9 x 12 cm a používal som objektívy od f 4/50 do f 11/550 mm. Interiéry boli svietené alebo prisvetľované elektronickými bleskami Broncolor. Ako snímkový materiál som výhradne používal inverzné filmy Agfa, menej Fuji.

3

Vysoké a Belianske Tatry od Matiašoviec (titulná dvojstrana). Spolu so Západnými Tatrami tvoria najvyššie horstvo Karpatského oblúka. Sú pýchou slovenskej prírody i turistiky. Ich nadmorská výška je od 640 do 2 655 m n. m. Tvoria čiastočnú hranicu Slovenskej republiky s Poľskou republikou.

4

V slovenskej krajine je neuveriteľne veľa príležitostí putovať za krásami a zaujímavosťami prírody. Zoznamy už pred 20 rokmi evidovali okolo 120 prírodných výtvorov, 340 chránených území, 50 jaskýň a jaskynných priepastí, 5 národných parkov, 16 štátnych prírodných rezervácií, skoro desiatku skanzenov, 17 miest s najvýznamnejšími liečivými a minerálnymi prameňmi, viac ako stovku jazier, vodných nádrží, štrkovísk, mŕtvych ramien riek, rybníkov, povodí riek, rybárskych revírov atď.

5

Sútok Dunaja a Moravy z Devínskeho hradu. Na vyvýšenine nad sútokom oboch riek bol vybudovaný už pred 13. storočím malý hrad, aby chránil dôležitú križovatku ciest a brod cez rieku Moravu. V čase slovenského národného obrodenia sa ruiny hradu stali pre štúrovcov symbolom zašlej slávy našich predkov. Objekt hradu je národnou kultúrnou pamiatkou.

6

Ráno na hraničnej rieke Morave pri Brodskom. Morava je hraničnou riekou medzi Slovenskou a Českou republikou od 1. januára 1993, keď sa Slovensko opäť stalo samostatným štátom (v zmysle medzinárodného práva národa na sebaurčenie). Slovensko s rozlohou 49 036 km^2 a 5 356 000 obyvateľmi je malý štát v srdci Európy. (K 1. 1. 1993 bolo v Európe ešte 19 štátov menších alebo menej početných, ako je Slovensko.)

7

Okolie Gašparovej v Malých Karpatoch je ideálnym miestom pre menej náročných turistov, ktorí radi vyhľadávajú rekreáciu v slnečných údoliach s listnatými lesmi.

8

Bezovec, panoráma časti Považského Inovca, horského krajinného celku s rozlohou asi 600 km^2. Horstvo vrcholom máličko prekračuje výšku 1 000 m. Zimná pokrývka trvá 60–80 dní, letných dní býva 50–100 ročne. Pôvabná krajina je preto miestom letnej i zimnej turistiky západného Slovenska.

9

Podvečerná nálada z Turca, výrazného geograficko-historického regiónu stredného Slovenska. Turiec sa významne zapísal do našich národných dejín; ako administratívny celok (župa) zanikol roku 1922, no jeho názov žije ďalej (Turčianska kotlina a i.).

10

Gerlachovský štít v strede tatranskej panorámy, najvyšší štít (2 655 m) najvyššieho horstva Karpatského oblúka. Výstup od Sliezskeho domu (4 h) i zostup k Batizovskému plesu (4 h) je turisticky mimoriadne náročný, sčasti zabezpečený reťazami v skale. Odporúča sa len v sprievode horského vodcu.

11

Podvečer na priehrade Veľká Domaša, vybudovanej na rieke Ondave v rokoch 1962–1967. Vodná nádrž s plochou 15,1 km^2 je zásobárňou úžitkovej vody a výrazne prispieva aj k protipovodňovej ochrane Východoslovenskej nížiny. Spolu s krásnym okolím priťahuje množstvo rekreantov a športovcov.

12

Slovenský raj a Hnilecké vrchy z Kráľovej hole. Hornatý krajinný reliéf (nedosahujúci ani 1 500 m n. m.) Slovenského rudohoria tvoria Veporské vrchy, Spišsko-gemerský kras, Stolické vrchy, Revúcka vrchovina, Slovenský kras, Volovské vrchy a Čierna hora.

13

Vysoké Tatry: chodník z Veľkej Svišťovky k Zelenému plesu býva otvorený len v letnej turistickej sezóne, aby sa chránila príroda pred devastáciou pri nadmernej návštevnosti turistov.

14

Na Seneckých jazerách pri Bratislave s vodnou plochou takmer 80 ha, ktoré vznikli z ťažobných jám štrku odkrytím horizontu podzemných vôd Podunajskej nížiny. Jazerá s možnosťou kúpania, vodných športov a rybolovu sú obstavané chatami a slúžia ako významné rekreačné zázemie hlavného mesta SR.

15

Zvyšok obce Liptovská Mara, zatopenej vodami priehrady, predstavuje už len veža kostola osady, ktorá dala priehrade meno. Pri budovaní vodnej nádrže v rokoch 1969–1975 bolo vysídlených a zatopených 11 obcí s vyše 4 000 obyvateľmi. Obrovská vodná plocha výrazne zmenila tvár Liptova poniže Liptovského Mikuláša a stala sa vyhľadávaným miestom rekreácie, vodných športov a rybolovu.

16

Liptovská Mara a časť krajiny okolo vodného diela. Vodná nádrž slúži na energetické účely a so svojimi 320,5 mil. m^3 vody je najväčšou vodnou nádržou na Slovensku. Je významným vodným dielom v systéme sedemnástich vážskych kaskád. Zaplavenou plochou (až 27 km^2) patrí po Oravskej priehrade a Zemplínskej šírave k najväčším vodným dielam na Slovensku. Spolu s Oravskou priehradou umožňuje reguláciu prietokov na Váhu od Bešeňovej až po Komárno.

17

V pravej plavebnej komore Gabčíkovského stupňa. Potreba vybudovať plavebný i vodohospodársky systém Gabčíkovo – Nagymaros podľa medzinárodnej zmluvy z roku 1977 vyplynula z úlohy splavniť vodný prieplav Dunaj – Mohan – Rýn a zabrániť neustále klesajúcemu stavu spodných vôd po oboch stranách rieky Dunaja.

18

Hlavný tok Dunaja v Hrušove pred zatopením územia vodným dielom Gabčíkovo. Priehrada a jej prietokové systémy výrazne zlepšili plavbu veľkých lodí po Dunaji na mieste len ťažko udržiavateľných riečnych brodov na slovensko-maďarských hraniciach. Dielo zlepšilo aj bilanciu ekologicky čistej výroby elektrickej energie na Slovensku a vodohospodárskych pomerov od Bratislavy až po Gabčíkovo.

19

Lúčky, kúpanie pod travertínovými kaskádami potoka Teplanka. V kúpeľoch Lúčky sa liečia ženské choroby; v chotári sú pramene jadrovo--zemitých kyseliek.

20

Termálne kúpaliská v Kováčovej pri Zvolene aj vďaka krásnemu okoliu sú jedny z najobľúbenejších u nás. Na Slovensku je asi 20 oblastí s termálnymi vodami, ktoré majú teplotu od 40 do 180 °C. Najperspektívnejšou je centrálna depresia Podunajskej panvy, kde sa termálne vody využívajú najmä na kúpaliskách (Dunajská Streda, Čalovo, Patince a Štúrovo).

21

Kriváň (2 494 m) zo Všivákov v Západných Tatrách. Hrebene hôr tu ponúkajú veľa nevšedných pohľadov. Je to náručie priam panenskej časti slovenskej prírody nad Podtatranskou kotlinou.

22

Volovec Mengusovský od Mengusovského potoka. Oddeľuje Hincovu kotlinu (s najväčším a najhlbším tatranským plesom na slovenskej strane) od kotliny Žabích plies.

23

Vysoké Tatry – Symbolický cintorín pod Ostrvou nad Popradským plesom vznikol na podnet maliara Otakara Štáfla roku 1936 na pamiatku tých, ktorí „stratili život pre svoju lásku k horám". V areáli cintorína je štýlová kaplnka, pamätné tabule a niekoľko vyrezávaných slovenských drevených krížov detvianskeho typu.

24

Kriváň z Veľkej kopy Garajovej. Kriváň (2 494 m) ako najkrajší i najhrdší tatranský štít ospevovali už štúrovci, ktorí v ňom videli symbol slovenskosti; prvý spoločný výstup na Kriváň uskutočnili na čele s Ľ. Štúrom a J. M. Hurbanom 16. augusta 1841. Tradícia národného výstupu na Kriváň sa zachovala dodnes. Na východnom svahu Kriváňa pramení Biely Váh, ktorý spolu s Čiernym Váhom (vyvierajúcim pod Kráľovou hoľou) vytvára Váh, najdlhšiu slovenskú rieku (403 km).

25

Panoráma Bielovodskej doliny vo Vysokých Tatrách s Mlynárom, Vysokou (2 560 m), Nižnými Rysmi, Nižným Žabím štítom a Východným Mengusovským štítom (zľava doprava). Dolina, dlhá 6 km, je známa aj 10--hodinovým turistickým prechodom z Javoriny cez Sedlo Váhy k Popradskému plesu.

26

Svah Kvetnicovej veže a Sliezsky dom v rannom svetle. Sliezsky dom je najvyššie položený horský hotel u nás (1 670 m). Sliezska sekcia turistického spolku tu vybudovala v rokoch 1892–1895 chatu, ktorá po niekoľkých prestavbách vyhorela (1962). Na jej mieste sprístupnili roku 1968 Sliezsky dom, vyhľadávaný cieľ turistov.

27

Vodopády Veľkého Studeného potoka za Hrebienkom poniže chaty Kamzík tvoria krásny vstup do Veľkej Sudenej doliny vo Vysokých Tatrách. Sú tri – Malý, Veľký a Dlhý vodopád (ktorý je známy výskytom nebezpečných krútňavových „hrncov").

28

Vodopád Večný dážď vo Velickej doline pri Kvetnici (známej bohatou kvetenou subalpínskeho pásma). Pred výstupom na Gerlachovský štít (2 655 m) Velickou próbou si môžeme pripomenúť aj ďalšie najznámejšie tatranské vodopády – Kmeťov vodopád pod Nefcerkou, Vajanského vodopády v Temných Smrečinách, Skok v Mlynickej doline, Obrovský vodopád v Malej Studenej doline a Hviezdoslavov vodopád na prahu Kačacej doliny.

29

Lomnický a Kežmarský štít z Lomnického hrebeňa. Lomnický štít (2 632 m) je vďaka visutej lanovej dráhe od roku 1940 najnavštevovanejším tatranským štítom s jedinečným výhľadom. Lanovka z Tatranskej Lomnice prekonáva prevýšenie 1 620 m na trati dlhej takmer 6 km.

30

Štrbské pleso a Nízke Tatry s Kráľovou hoľou v pozadí od skokanských mostíkov Areálu snov. Pleso s okolím je najnavštevovanejším miestom Vysokých Tatier. Má veľký počet slnečných dní a výborné klimatické podmienky, ktoré tu podnietili už koncom 19. storočia vybudovanie liečební na choroby horných dýchacích ciest. Vznik nových liečební len potvrdzuje vynikajúce terapeutické výsledky.

31

Velická kopa z Tatranskej magistrály. Magistrála ako turistický 65 km dlhý chodník bola dokončená roku 1937; vinie sa cez kosodrevinou porastené neprístupné úbočia Vysokých Tatier. Chodník ráta s dvoma až tromi dňami turistickej chôdze a má spolu 4 úseky. Podbanské – Štrbské Pleso – Hrebienok – Veľké Biele pleso – Tatranská kotlina. Posledný úsek – prechod Belianskymi Tatrami – je v záujme prísnej ochrany flóry a fauny uzatvorený.

32

Vysoké Tatry z Rysov (pohľad západným smerom). Náročný výstup na Rysy (2 499 m) nevynechá ani jeden zdatný turista. Z vrcholu sa otvára nádherný výhľad na tatranské štíty v 360° panoráme.

33

Belianske Tatry pred búrkou. Belianske Tatry sú východnou časťou Tatranského národného parku, vyhláseného roku 1949. Keďže sa tu vyskytujú mimoriadne vzácne vápnomilné rastlinné spoločenstvá a zároveň sa sleduje aj rozvoj kamzíčej zveri, je ich hlavný hrebeň v dĺžke 14 km po celý rok pre turistiku uzatvorený.

34

Panoráma Belianskych Tatier od poľských hraníc. V zábere dominuje zľava doprava štvorvršie Ždiarska vidla, Havran (2 154 m), Nový vrch a Muráň. Uprostred na úpätí obec Podspády a v popredí zdravé, vysoké ihličnaté lesy.

35

Rysy, Vysoká a Ostrva od Štrbského plesa, typického morénového jazera (vo výške 1 346 m) na južnej strane Vysokých Tatier. Obec Štrbské Pleso bola dejiskom Majstrovstiev sveta v klasických lyžiarskych disciplínach roku 1970, pre ktoré sa tu vybudoval celý rad nových športových objektov a zariadení cestovného ruchu.

36

Volovec a Ostrý Roháč od Tretieho Roháčskeho plesa. Roháče – v závere Roháčskej doliny – ako prírodovedne i krajinársky najhodnotnejšie územie severovýchodnej Oravy sú od roku 1974 štátnou prírodnou rezerváciou.

37

Jarné ráno na Oraviciach (s poľským Giewontom na horizonte). Záber zo svahu Skorušiny – slnko stúpa do Tichej doliny spoza Červených vrchov na slovensko-poľských hraniciach hrebeňov Vysokých Tatier.

38

Oravská priehrada a Slanický ostrov v lete. Naše „severné more" vzniklo vybudovaním prvého povojnového diela na Slovensku, odovzdaného do prevádzky roku 1953. Voda pokryla plochu 35,2 km^2, pričom boli zatopené 4 veľké obce; z obce Slanica zostal len ostrov – vrchol kopca s kostolíkom. Pri prehliadke ostrova možno navštíviť Múzeum ľudovej maľby a plastiky. Priehrada je obľúbeným miestom vodných športov.

39

Skalný útvar Mních v Tiesňavách Vrátnej doliny patrí k mnohým bizarným, horolezecky náročným, lámavým vápencovým útvarom Vrátnej doliny a Obšívanky. Ľudová fantázia im pričarila metaforické názvy, ako Oltár, Ťava, Krokodíl, Tanečnica, Organ, Pilier, Jánošíkova lavica, Valasi, Veľká Sokolia veža a v partii Rozsutca – Traja psi, Fajky, Kohútik, Dbenka, Komín a iné.

40

Malá Fatra, jar pod Rozsutcom. Jánošíkov kraj s jeho rodnou dedinkou – Terchovou a bizarným Rozsutcom patrí k najčarovnejším kútom typickej slovenskej prírody a nejednému z nás osobitne prirástol k srdcu.

41

Gotická brána v Súľovských skalách nad Súľovskou tiesňavou potoka Hradné. Jedinečný súbor povrchových útvarov – skalných stĺpov, veží, skalných brán, okien – nemá obdobu v celých Karpatoch a predstavuje jedno z najvzácnejších prírodných skalných miest na Slovensku.

42

Sieň nazývaná Cintorín v Dobšinskej ľadovej jaskyni je ukážkou čarovného podzemného sveta ľadu, obklopeného letnou prírodou. Táto naša najväčšia ľadová jaskyňa, sprístupnená pred vyše sto rokmi (1871), bola prvou elektricky osvetlenou jaskyňou v Európe (1882). Za sto rokov ju navštívili viac ako 2 milióny osôb. Dno jaskyne pokrýva až 25 m hrubý ľad. Najkrajšia je na jar, keď „kvitne" inovať.

43

Viacvrstvové lekná v Demänovskej jaskyni Slobody. Krasové bohatstvo Slovenska patrí k najväčším na svete. Malé Slovensko sa pýši vyše 150 jaskyňami na bezmála 3 000 km^2 krasového územia. Sprístupnených je 12 jaskýň, niektoré – napríklad i Demänovské – sú svetoznáme.

44

V jaskyni Domica (neďaleko Plešivca), ktorá tvorí najdlhší komplex riečnej jaskyne na slovensko-maďarskej hranici (spolu vyše 22 km). Na slovenskej strane je to 5 140 m, z ktorých je sprístupnených iba 1 775 m. Najkrajší zážitok predstavuje plavba loďkou po podzemnej riečke Styx. Jaskyňu objavil Ján Majko roku 1926, sprístupnená je od roku 1932.

45

Zimná rozprávka z Martinských hôľ, nedotknutá príroda v nadmorskej výške asi 1 400 m. Iba dva kilometre odtiaľto sa nachádza rušné stredisko zimných športov s piatimi lyžiarskymi vlekmi (kapacita vyše 2 000 osôb za hodinu).

46

Babia hora, Rozsutec, Steny, Stoh a Hromové z Chlebu. Tu nebýva v roku veľa takých dní, keď mimoriadne dobrá viditeľnosť umožňuje zazrieť z Chlebu Babiu horu (1 725 m) na našej hranici s Poľskom, vzdialenú vzdušnou čiarou vyše 50 km.

47

Nízke Tatry (Chopok a Ďumbier) z Derešov. Nízke Tatry sú jediné slovenské horstvo prepojené sedačkovou lanovkou z oboch strán (Jasná – Chopok – Srdiečko). Centrálna časť Nízkych Tatier tvorí dominantu pretekárskeho i turistického alpského lyžovania. Je lyžiarsky najfrekventovanejšou oblasťou Slovenska.

48

Ďumbier, Chopok, Dereše a Poľana spod vrcholu Sinej tvoria približne len 10 km úsek z 95 km dlhého hrebeňa Nízkych Tatier. Svojou rozlohou 1 242 km^2 tvoria Nízke Tatry najrozsiahlejší orografický celok centrálnej časti Slovenska. Snehová pokrývka nad hornou hranicou lesa trvá 110–210 dní v roku, čo je veľmi priaznivé pre lyžovanie.

49

Vysoké a Belianske Tatry z hrebeňa Nízkych Tatier vo veľkolepej panoráme štítov (zľava): Vysoká (2 560 m), Končistá (2 535 m), Gerlachovský štít (2 655 m), Bradavica (2 476 m), Javorový štít (2 418 m), Slavkovský štít (2 452 m), Ľadový štít (2 628 m), Lomnický štít (2 632 m), Kežmarský štít (2 558 m) a časť Belianskych Tatier.

50

Nová hoľa (1 370 m) na Donovaloch so sedačkovou lanovkou spod Mišútov patrí k vyhľadávaným miestam lyžovania i letnej turistiky medzi Ružomberkom a Banskou Bystricou. Rozsiahle vrcholové i údolné hôľne svahy s prevýšením asi 400 metrov sú najnovšie aj ideálnym miestom pre nový šport – zoskoky a plachtenie na smerovaných padákoch (paragliding).

51

Nízke Tatry: Vrbické pleso v Demänovskej doline je jediným nízkotatranským trvalým jazerom. Výška hladiny sa udržuje hrádzou. Najväčšiu hĺbku má 4 metre. Na okraji plesa stojí známa Mikulášska chata.

52

Západná časť Nízkych Tatier zo Salatína (1 631 m). Namáhavý trojhodinový výstup na Salatín ponúka postupne nádherné výhľady na 360-stupňovú panorámu slovenských hôr. V zábere je pohľad na skupinu a hrebeň Veľkej Chochule (1 753 m).

53

Tomášovský výhľad v Slovenskom raji (680 m) neďaleko Čingova nad údolím vodákmi ospevovaného Prielomu Hornádu patrí k najznámejším a najnavštevovanejším partiám čarokrásneho Spišsko-gemerského krasu. Množstvo vodopádov v hlbokých roklinách a priechody cez ne patria do raja turistiky.

54

Čierny kameň vo Veľkej Fatre z Veľkej Tureckej doliny. Lúčny ráz 45 km dlhého pohoria strieda skalistá časť Čierneho kameňa, pod ktorým sa začína 24-kilometrová Ľubochnianska dolina, najdlhšia v celej Veľkej Fatre. V chránenej krajinnej oblasti ďalšie známe doliny sú Gaderská, Necpalská a Belianska.

55

Zádielska dolina, štátna prírodná rezervácia (od roku 1954) v Slovenskom krase. Eróziou v strednotriasových vápencoch vznikla 300 metrov hlboká tiesňava a roklina, bohatá na horské, subalpínske, ale aj teplomilné panónske druhy rastlín. Skaly rokliny sú hniezdiskom vzácnych dravých vtákov.

56

Choč (1 611 m) a Prosečné spoza Podchočskej brázdy. Na Slovensku sú tri najkrajšie vrchy: Kriváň, Rozsutec a Choč. Nie nadarmo slovenský básnik P. O. Hviezdoslav ospevoval práve Choč, veď je krásny z každej strany – z Liptova i z Oravy.

57

Kráľovohoľské Tatry: Kráľova hoľa (1 948 m) z Ondrejiska, kam nevedú ani len turistické chodníky. Z Ondrejiska sa otvára nevšedný pohľad na Kráľovu hoľu – jánošíkovskou legendou opradený prekrásny vrchol v slovenských horách, viditeľný aj od Štrbského plesa vo Vysokých Tatrách.

58

Slnečnicové pole v Ponitrí osiate na takej veľkej ploche je už pomaly zriedkavosťou.

59

Svahy Malých Karpát s vinohradmi sú dokladom kontinuity i rozkvetu vinohradníctva, najmä od 11. storočia po súčasnosť. Pestovanie viniča sa postupne rozšírilo skoro po celom Slovensku, najmä na Trenčiansko, Nitriansko, Hont, Abov, Tekov, Zemplín a inde.

60

Kulháň, chránená rezervácia starých dubov v Považskom Inovci pri obci Prašice, bol vyhlásený za chránené nálezisko roku 1972. Chráni sa tu asi 70 dubov letných a zimných, ktorých vek sa odhaduje na 200 až 600 rokov, pričom najväčší má obvod kmeňa až 670 cm. V blízkosti Kulháňa je Duchonka, známe rekreačné stredisko vodných športov.

61

Dobročský prales v Slovenskom rudohorí. Tento najstarší prales na Slovensku bol vyhlásený za štátnu prírodnú rezerváciu už roku 1913. Leží na svahoch Veľkého Grúňa, asi 2 hodiny chôdze od obce Dobroč. Nedotknutú vlastnú rezerváciu lesného porastu tvoria smreky, jedle, jasene, horské javory a buky, niektoré stromy sú vyše 400-ročné. Rezerváciu oddeľuje od okolitých lesov vyrúbané ochranné pásmo.

62

Vodná plocha Ružínskej priehrady (spod Šivca) patrí k sústave vodných diel na Hornáde medzi Margecanmi a Ružínom. Dĺžka priehrady je 14,6 km a plocha vodnej hladiny 3,9 km^2. Priehradu vybudovali v rokoch 1963–1973 (čím sa zabezpečila bezporuchová prevádzka Východoslovenských železiarní). Obklopená lesmi vytvára príjemné rekreačné zázemie najmä pre Košičanov.

63

Pieniny – plavba na plti prielomom Dunajca je nezabudnuteľným zážitkom návštevníkov pohraničného Pieninského národného parku. Dravé vody Dunajca vytvorili v prielome 5 vyhĺbených meandrov. Náš úsek medzi Červeným Kláštorom a Sczawnicou Nižnou je dlhý 6 km. Pieninský národný park (PIENAP) bol vyhlásený roku 1967.

64

Pred východom slnka na Zemplínskej šírave. Vodná nádrž je po Oravskej priehrade jednou z troch najväčších na Slovensku (plocha až 33,5 km^2); slúži najmä na zabezpečenie vody pre priemysel a poľnohospodárstvo. Vybudovali ju v rokoch 1961–1965. Oblasť patrí k najslnečnejším územiam na Slovensku a ročne ju navštevuje vyše milióna rekreantov.

65

Bzovík, vo veži opevneného kláštora. Založenie kláštora premonštrátov na Bzovíku (1127–1131) sa spomína s menom kráľa Bela II., ktorý kláštoru daroval majetok a založil prepošstvo. Žigmund Balaša v polovici 16. storočia vyhnal rehoľníkov a obsadil kláštor, aby ho opevnil pred tureckým nebezpečenstvom. Kláštor však napokon nedobyli Turci, ale tököliovské vojská (1678). Od 19. storočia spustnutý kláštor prepadol skaze, ktorú dovŕšila druhá svetová vojna. Pamiatkovo chránený objekt bol začiatkom 70. rokov čiastočne upravený.

66

Hrad Beckov uzatvára Považský úval. Spolu s Trenčianskym hradom zabezpečoval v 13. storočí západnú hranicu Horného Uhorska. Začiatkom 14. storočia sa ho zmocnil Matúš Čák Trenčiansky, jeden z najvplyvnejších feudálov tých čias. Hrad, ktorý márne obliehali Turci (1599), podľahol plameňom (1729) a zostal v ruinách. Ako národná kultúrna pamiatka sa čiastočne reštauruje.

67

Topoľčiansky hrad na okraji Považského Inovca, vzdialený asi 15 km od Topoľčian. Bol postavený v polovici 13. storočia. Viackrát ho prestavovali a rozširovali (najmä počas protitureckých bojov), no napokon ako neobývaný spustol v ruinách. Zostala z neho len výrazná silueta s vežou v romantizujúcom štýle, dostavanou v 19. storočí.

68

Trenčín, vstup do Trenčianskeho hradu, jedného z najznámejších slovenských hradov. Prvá písomná správa na našom území, vyrytá do úpätia hradnej skaly roku 179, zaznamenáva porážku Germánov II. rímskou légiou. Meno známeho majiteľa hradu zo začiatku 14. storočia Matúša Čáka Trenčianskeho, „pána Váhu a Tatier", je len časťou bohatej histórie fortifikačnej dominanty nad mestom.

69

Trenčiansky hrad v súčasnosti prinavracajú do jeho voľakedajšej podoby z konca 15. a začiatku 16. storočia, keď patril Zápoľskovcom. V hornom hrade sú expozície Trenčianskeho múzea. Trenčiansky hrad je od roku 1961 národnou kultúrnou pamiatkou a najvýraznejšou dominantou stredného Považia, bohato opradenou povesťami.

70

Kazetový strop tzv. Zlatej sály v Bojnickom zámku s kópiou portrétu majiteľa Jána Pálfiho. Pálfi v čase, keď inde na Slovensku zanikalo veľa objektov, úspešne prestavoval Bojnický zámok (1899–1909).

71

Nové schodište v Bojnickom zámku v malebnej veži patrí k úpravám dnešnej podoby objektu. Majiteľ, gróf Ján Pálfi, dal zámok v rokoch 1899–1909 prestavať podľa vzoru francúzskych romantických hradov v údolí Loiry. Bojnický zámok (múzeum neoslohov) spolu so svojím okolím, sírnatými termálnymi kúpeľmi (spomínanými už roku 1113), veľkou zoologickou záhradou i prekrásnou prírodou okolo vábi každoročne veľa domácich i zahraničných návštevníkov.

72

Nádvorie kaštieľa v Topoľčiankach. Pôvodne renesančný kaštieľ.

V rokoch 1825–1830 na mieste južného krídla pristavali klasicistický objekt, ktorý slúžil za prvej Československej republiky ako letné sídlo prezidenta. Kaštieľ od roku 1950 patril odborom. Je obklopený jedným z najväčších anglických parkov u nás a spolu so zvernicou (chov zubrov), známou štátnou plemenárskou stanicou (žrebčincom) a krásnym lesnatým okolím sa už tradične začleňuje k veľmi navštevovaným miestam Slovenska. Kaštieľ je národnou kultúrnou pamiatkou.

73

Nitriansky hrad, komplex budov na Hradnom vrchu. Hrad, biskupský palác, biskupská katedrála a hradby, spolu s archeologickými lokalitami slovenských osád v Chrenovej, na Zobore a slovanským pohrebiskom na Lupke, sú národnou kultúrnou pamiatkou. Hoci Nitra (pôvodne Nitrava) má dávnu históriu s písomne doloženým najstarším kresťanským kostolom na Slovensku (833), dnešná baroková podoba Nitrianskeho hradu pochádza z rokov 1706–1736. Nitra zažila časy slávy (sídlo Nitrianskeho kniežatstva, Pribinu a Svätopluka) i časy úpadku (zo slobodného kráľovského mesta sa stala roku 1288 poddanskou obcou biskupstva) a pustošili ju takmer všetky vojny, boje a nájazdy, ktoré sa prehnali počas stáročí Slovenskom, takže z pôvodných objektov sa veľa nezachovalo.

74

Včasnorománska rotunda v Skalici je národnou kultúrnou pamiatkou. Postavili ju v 11. storočí. Významnou románskou pamiatkou je aj Kostol sv. Juraja v Kostoľanoch pod Tríbečom (11. storočie), kostolík v Dražovciach pri Nitre (začiatok 12. storočia) a pôvodne neskororománska katedrála v Spišskej Kapitule (z rokov 1245–1273), ako aj iné, menšie i väčšie sakrálne stavby, roztrúsené po Slovensku.

75

Priečelie Dómu sv. Martina v Spišskej Kapitule, neskororománskej stavby z rokov 1245–1273. Katedrála bola pôvodne stavaná na spôsob bazilikálneho trojlodia. Celá Spišská Kapitula, malá opevnená kňazská osada na svahu nad Spišským Podhradím, je tak ako kedysi centrom katolíckeho cirkevného života. Je mestskou pamiatkovou rezerváciou.

76

Bíňa, poľovnícky motív v pôvodne románskom kostole na hlavici stĺpa pochádza zo začiatku 13. storočia. Patrí k počiatkom sochárstva na Slovensku rovnako ako sediaci lev, zvaný Leo albus, románska plastika z 2. polovice 13. storočia, umiestená pri severnom vchode do Katedrály sv. Martina v Spišskej Kapitule-Spišskom Podhradí.

77

Spišský hrad a Spišské Podhradie zo Spišskej Kapituly. Spišský hrad a jeho okolie je medzinárodne evidovanou pamiatkou UNESCO. Spišský hrad, najväčší na Slovensku, ba v celej strednej Európe, dominoval Spišu už roku 1209. Ako nedobytná kamenná pevnosť odolal aj tatárskemu vpádu (1241). Pôvodný románsky hrad prešiel mnohými prestavbami a úpravami od neskorogotických až po renesančné (ktoré si na obytné účely dali urobiť Turzovci). Po požiari roku 1780 hrad začal pustnúť a nezachránili ho ani jeho poslední majitelia Čákiovci (1638–1945), voľakedajší dediční župani Spiša. Až súčasné rozsiahle konzervačné a rekonštrukčné práce postupne umožňujú využiť hrad s tromi nádvoriami na expozičné ciele Východoslovenského múzea. Časť horného hradu už bola sprístupnená verejnosti.

78

Hrad Lietava pri Žiline sa po prvý raz spomína roku 1318, keď už bol v držbe Matúša Čáka. Hrad striedal majiteľov, kým ho v 2. polovici 16. storočia nevyženili Turzovci, ktorým patril až do vymretia ich rodu. Od roku 1729 bol hrad neobývaný (zostal v ňom len archív), a keď sa od roku 1770 dedičia úplne prestali oň starať, postupne sa zmenil na rumovisko.

79

Starý hrad, dominanta pri Strečne. „Starhrad" bol už v 13. storočí oporným bodom a mýtnou stanicou nad riekou Váh. Spolu so Strečnianskym hradom mal v 14. storočí vedúcu úlohu na hornom Považí. Patril mnohým majiteľom, aj Matúšovi Čákovi a Pongrácovcom. Rodinné spory Pongrácovcov zapríčinili napokon jeho spustnutie, a keď sa pominulo turecké nebezpečenstvo, hrad stratil aj svoj strategický význam. Dnes leží v ruinách, na ktoré sa viaže nejedna ľudová povesť.

80

Hrad Strečno, národná kultúrna pamiatka, sa po prvý raz spomína ako „locus tributorum" (miesto na vyberanie mýta) už roku 1321. Nepatrí k veľkým hradom. Z histórie je zaujímavé, že hrad dobyl roku 1440 Jan Jiskra pre Ladislava Pohrobka. Zrúcaniny hradu na skalnom brale nad strategickou cestou v údolí Váhu hrali významnú úlohu roku 1944 počas účasti francúzskych partizánov v Slovenskom národnom protifašistickom povstaní. Po dlhoročných konzervačných a rekonštrukčných prácach je od roku 1994 čiastočne sprístupnený verejnosti.

81

Zrúcaniny stredovekého hradu Vršatec sú príkladom fortifikačnej stavby z polovice 13. storočia na takmer neprístupnej skale. Hrad často striedal majiteľov. Za Rákociho povstania vyhorel a od roku 1708 leží v rumoch. Zostalo z neho už len niekoľko múrov.

82

Zvolen, stredoveký kráľovský zámok, predstavuje svojou základnou stavbou vrchol gotického staviteľstva na Slovensku (2. polovica 14. storočia). Hrad prešiel renesančnými i fortifikačnými úpravami, ktoré sa robili ešte v 18. storočí (najmä pre potreby Zvolenskej stolice), no napokon stratil význam a pustol. Pamiatková úprava hradu sa začala v rokoch 1894–1896, ale celková generálna rekonštrukcia sa uskutočnila až v rokoch 1956–1969. Zámok sa využíva ako sídlo vysunutého pracoviska Slovenskej národnej galérie a pre kultúrne potreby mesta. Národná kultúrna pamiatka patrí neodmysliteľne k siluete Zvolena i jeho krásneho okolia.

83

Zámok v Slovenskej Ľupči pri Banskej Bystrici bol už v 2. polovici 13. storočia známym poľovníckym sídlom kráľa a jeho družiny. Turecké nebezpečenstvo si vyžiadalo prestavbu zámku, no obyvateľstvo Ľupčianskeho panstva aj tak kruto doplatilo na turecké nájazdy (1526–1718); 300 osôb z Poník Turci odvliekli do zajatia a obec vypálili (1678). Po požiari roku 1860 zámok postupne adaptovali a využívali na rozličné účely (sirotinec pre banícke deti, neskôr – až do roku 1957 – skladisko). Dnes slúži ako domov Ústredia charity pre rehoľné sestry.

84

Budmerice, Domov slovenských spisovateľov. Kaštieľ dal postaviť Ján Pálfi roku 1889, v období napodobňovania francúzskych vzorov. Objekt neveľkej architektonickej hodnoty slúži dnes už len čiastočne na tvorivé i rekreačné pobyty umelcov.

85

Novogotický kaštieľ v Rusovciach pri Bratislave je príkladom kultúrneho využitia bývalých rezidencií. Rozsiahlu koniareň pri kaštieli prebudovali pre potreby Slovenského ľudového umeleckého kolektívu. Kaštieľ postavili v 2. polovici 19. storočia v štýle anglickej gotiky. V anglickom parku sa konajú mierové slávnosti ako súčasť Bratislavského kultúrneho leta.

86

Tesárske Mlyňany – kaštieľ v Arboréte využíva Ústav dendrobiológie Slovenskej akadémie vied. Arborétum založil v rokoch 1892–1894 vtedajší majiteľ Štefan Ambrózy-Migazzi, amatérsky dendrológ, spolu so svojím záhradníkom Jozefom Mišákom. Arborétum patrí so svojimi 2 200 druhmi vždyzelených ihličnatých a listnatých drevín (najmä cudzokrajných) k najkrajším záhradám na svete.

87

Spišská Belá, kaštieľ v Strážkach vznikol v 13. storočí ako opevnená strážna veža s kaplnkou. Najstaršou časťou je gotický palác z 15. storočia. Objekt prešiel rozsiahlymi statickými, stavebnými i pamiatkovými úpravami, naposledy v 80. rokoch 20. storočia. Na objekt sa viaže časť tvorby významného slovenského maliara 19. storočia Ladislava Medňanského (1852–1919).

88

Smolenický zámok v Malých Karpatoch. Pôvodný hrad so strážnou funkciou postavili v 14. storočí. Patril viacerým majiteľom, až ho roku 1777 získal Ján Pálfi. Rod Pálfiovcov, pôvodne málo významný, získal pozície a rozsiahle majetky na západnom Slovensku (i v Rakúsku) nielen vďaka vyznamenaniu sa v protitureckých bojoch, ale aj politickými špekuláciami. Poštátnený zámok stavebne dokončili a upravili v rokoch 1949–1957 pre potreby Slovenskej akadémie vied (vedecké i rekreačné pobyty, sympóziá, konferencie a pod.).

89

Kaštieľ v Moravanoch nad Váhom pri Piešťanoch. Pôvodný renesančný kaštieľ dal postaviť koncom 16. storočia biskup Čáki. Za pôvodnou vysokou atikou roku 1881 postavili 2. poschodie. Kaštieľ s pôvodným areálom hospodárskych budov adaptovali pre tvorivé i rekreačné pobyty umelcov. Priľahlý anglický park zdobia drevené plastiky, ktorých autormi sú účastníci medzinárodných sochárskych sympózií usporadúvaných v Moravanoch.

90

Oravský hrad a rieka Orava od severu. Ako malý stredoveký hrad bol doložený listinou z roku 1267. V strednom hrade postavili obytný palác, datovaný z roku 1483. Rozsiahle stavby, dostavby i rekonštrukcie v objekte sa skončili roku 1866 umiestnením komposesorátneho múzea. Vážne statické poruchy viedli od roku 1953 k rozsiahlej obnove hradu. Malebná stavba pôsobí veľmi bizarne od severu, odkiaľ vidieť horný hrad, postavený na úzkom vápencovom brale 112 m nad hladinou rieky Oravy.

91

Banské jazero Klinger v Štiavnických vrchoch patrí k dômyselnému systému banských nádrží, vybudovaných takmer pred 200 rokmi v okolí Banskej Štiavnice. Nádrže slúžili na priemyselné a vodárenské účely. Ešte dnes je v prevádzke 19 takýchto diel, pričom niektoré – najmä Počúvalské, Richnavské a Studenecké jazerá – sú zároveň obľúbenými miestami rekreácie.

92

Panoráma Banskej Štiavnice s Kalváriou a Novým zámkom. V čarokrásnom prostredí Štiavnických vrchov sa už v stredoveku terasovito rozkladalo banské mesto, ktorého stavebný rozvoj podnietila od 6. storočia výnosná ťažba striebra. V rokoch 1564–1571 postavili protitureckú strážnu vežu – Nový zámok, ktorá spolu s barokovou Kalváriou (1754) tvorí dodnes dominantu panorámy mesta.

93

Piarska brána v Banskej Štiavnici mala obrannú funkciu, pochádza z roku 1554 a barokovo bola upravená v 18. storočí. V Banskej Štiavnici bola roku 1763 založená Banská akadémia ako prvá vysoká škola technického smeru na svete. Roku 1782 malo mesto vyše 23 000 obyvateľov (bolo tretím najväčším mestom vtedajšieho Uhorska), no od 19. storočia začalo upadať a obyvateľstva ubúdalo (roku 1985 malo vyše 10 000 obyvateľov). Historické jadro mesta je pamiatkovou rezerváciou, Starý zámok (Mestský hrad) a 11 budov bývalej Banskej akadémie sú národnými kultúrnymi pamiatkami. Starý i Nový zámok, Komorský dvor (Kammerhof), ako aj niektoré ďalšie objekty slúžia dnes potrebám Slovenského banského múzea.

94

Kalvária v Banskej Štiavnici je najkrajším sakrálnym komplexom tohto druhu na Slovensku. Postavili ju v rokoch 1744–1751 z iniciatívy jezuitského pátra F. Pergera. Kalváriu v ostrom vrchu tvorí sedemnásť zastávok a päť väčších stavieb situovaných v osi architektonického súboru.

95

Hrad Krásna Hôrka, protiturecká pevnosť Gemera, opevnená v rokoch 1539–1545. Poslednými majiteľmi hradu boli Andrášiovci (od roku 1642), ktorí ho dali prestavať a rozšíriť. Hrad značne poškodil požiar spôsobený bleskom (1817). Posledný obyvateľ hradu Dionýz Andráši ho po smrti svojej manželky Františky Hablavcovej pretvoril fakticky len na rodové múzeum (1903). V Krásnohorskom Podhradí dal pre manželku postaviť mauzóleum, jednu z najkrajších secesných stavieb na Slovensku. Na sám hrad sa viažu mnohé, aj literárne spracované povesti. Je národnou kultúrnou pamiatkou, slúži verejnosti ako múzeum feudálneho bývania.

96

Kaštieľ v Betliari (neďaleko Rožňavy) sa vyznačuje mnohými superlatívmi o návštevnosti, zachovanosti zbierok i zariadenia, ale aj jedným z najrozsiahlejších parkov (cca 70 ha) na Slovensku. Základ stavby z 18. storočia a prestavby z konca 19. storočia urobili z objektu poľovnícky kaštieľ. Časť objektu upravili aj ako múzejný priestor kuriozít zo sveta.

97

Zvyšky hradu Plaveč, najsevernejšieho slovenského strážneho objektu. Zvyšky múrov vysokého obytného krídla, ktoré sa zrútili roku 1989, občania rozobrali na stavebný materiál. Spolu so zostatkom bašty predstavujú už iba nepatrnú časť kedysi významného hradu, ktorý strážil obchodnú cestu zo Šariša do Krakova v Poľsku. Spomínal sa už roku 1294, bol však dostavaný až v 2. tretine 14. storočia. Problémy s jeho poslednou nepremyslenou prestavbou na obytné účely (1830) definitívne vyriešil požiar (1856). Odvtedy hrad sústavne pustol a postupne zarastá lesom.

98
Turniansky hrad na okraji krasovej planiny bol postavený po tatárskom vpáde v 13. storočí. Pri bojoch o uhorský trón sa dostal do rúk Jana Jiskru, roku 1652 hrad dobyli Turci a definitívne bol zničený za protihabsburských povstaní roku 1685.

99
Dóm sv. Alžbety v Košiciach s kaplnkou sv. Michala je národnou kultúrnou pamiatkou. Najrozsiahlejší gotický chrám na Slovensku, vybudovaný v rokoch 1345–1508, bol vzorom pre podobné stavby v Levoči, Bardejove, ba aj v Poľsku, Dolnom Uhorsku (Maďarsku) a Sedmohradsku. Má umelecky cenný interiér so 4 gotickými oltármi a kráľovskou emporou (podľa vzoru Chrámu sv. Víta v Prahe).

100
Hronský Beňadik, gotický kostol a kláštor v údolí Hrona povyše tzv. Slovenskej brány, je najvýznamnejším opevneným sakrálnym objektom na Slovensku. Začali ho stavať okolo roku 1350. Z konca 14. storočia pochádza priečelie s vrcholnogotickým vstupným portálom a opátske krídlo. Objekt opevnili v 16. storočí z obáv pred hroziacim tureckým nebezpečenstvom i pred útokmi obyvateľov Banskej Štiavnice. Patril benediktínom. Dnes je v opátskom krídle Domov Charity. Komplex, ktorý sa pripravuje na generálnu opravu, je národnou kultúrnou pamiatkou.

101
Kremnica; reštaurovaný, pôvodne gotický Bellov dom na námestí, v dobre zachovanom historickom jadre mestskej pamiatkovej rezervácie. Sú tu stavby tzv. mázhausového typu meštianskych domov so vstupným priestorom (sieňou alebo chodbou).

102
Mestský hrad v Kremnici, národná kultúrna pamiatka. Komplex budov zachovaných takmer v pôvodnej koncepcii pochádza približne z rokov 1388–1405. Kremnica (ako osada, kde sa už okolo roku 1000 dolovalo zlato) sa po prvý raz písomne spomína ako Cremnichbana roku 1328. V stredoveku bola Kremnica jedným z hlavných producentov zlata v Uhorsku. Okolo roku 1440 ju opevnili hradbami, čím bola fortifikačne pripojená k mestskému hradu. Roku 1328 založili v Kremnici mincovňu, slávnu najmä zlatými dukátmi. Mincovňa slúži dodnes, a je tak svojou vyše 650--ročnou históriou najstaršou zachovanou v Európe.

103
Priečelie Thurzovho domu v Levoči so pseudorenesančnými sgrafitami vyhotovili v rokoch 1903–1904 poslucháči budapeštianskej umeleckopriemyselnej školy pod vedením prof. Š. Groha. V rokoch 1958–1959 ich reštauroval M. Štalmach. Typický dom stredovekého zámožného mešťana vznikol renesančnou prestavbou dvoch gotických budov v 16. storočí.

104
Poprad-Spišská Sobota, oltár od Majstra Pavla z Levoče z roku 1516 je pýchou farského Kostola sv. Juraja. Meštianske domy, ktoré kostol na námestí obklopujú, boli pôvodne gotické, neskôr renesančne prestavané (sedem najcennejších sa reštauruje do pôvodného stavu).

105
Levoča, Judáš z Poslednej večere od Majstra Pavla z Levoče je z predely hlavného oltára v Kostole sv. Jakuba. Najvyšší neskorogotický krídlový oltár v strednej Európe (18,5 m vysoký a 6 m široký) vznikal za účasti spoluautorov v rokoch 1507–1515. Od Majstra Pavla sú aj 3 ústredné sochy v oltárnej skrini.

106
Apoštol Jakub od Majstra Pavla z Levoče je tiež z predely hlavného oltára v Kostole sv. Jakuba. Majster Pavol mal medzi súdobými umelcami významné miesto; v rokoch 1527–1528 bol zapísaný v zozname levočských radných pánov. Do Levoče ho povolal roku 1500 pravdepodobne J. Turzo, krakovský mešťan pôvodom z Betlanoviec, obchodne činný aj v Poľsku.

107
Levoča, krížová chodba v kláštore minoritov zb 14. storočia. Gotická arkádová chodba, ohraničujúca zo štyroch strán stred kláštora (gotický rajský dvor), je pripojená pri starých mestských hradbách k trojloďovému halovému kostolu.

108
Levoča, radnica a Kostol sv. Jakuba v mestskej pamiatkovej rezervácii. Pôvodná trojtraktová budova má podkrovnú nadstavbu na spôsob poľskej renesancie. Gotický halový kostol pseudobazilikálneho typu dokončili pred rokom 1400. V chráme sú známe rezbárske diela od Majstra Pavla a z jeho dielne.

109
Levoča, včasnorenesančný portál v dome na námestí (č. 40) datovanom 1530. Dom pochádza z 15. storočia (reštaurovali ho roku 1982). Architektúra a umelecké pamiatky Spiša pamätajú mocenské boje, ale i rozvoj remesiel a obchodu, poznačili ich viacnárodné vplyvy. Mestá Levoča a Kežmarok pritom viedli proti sebe nepravidelnú vojnu (v 1. polovici 16. storočia).

110
Spišský Štvrtok, kostol sv. Ladislava s kaplnkou Zápoľskovcov pri južnej strane chrámovej lode. K pôvodne gotickému kostolu z 13. storočia s románskymi prvkami dal roku 1473 Štefan Zápoľský, dedičný spišský župan a vtedajší uhorský palatín, pristavať gotickú poschodovú kaplnku, určenú pôvodne pre neho a jeho rodinu.

111
Bardejov, v historickom strede mesta si časť pôvodne gotických domov zo 14. storočia dodnes uchováva goticko-renesančný charakter, hoci prešli viacerými čiastkovými úpravami a obnovami.

112
Neskorogotická radnica v Bardejove bola postavená v rokoch 1505–1508, v čase vrcholného rozkvetu mesta. Radnica stojí osamelo nielen v strede historického námestia, ale aj celej mestskej pamiatkovej rezervácie. Bardejov mal koncom 15. storočia asi 500 domov a 3 000 obyvateľov. Radnica bola naposledy obnovená v roku 1993, patrí ku klenotom slovenskej historickej architektúry. Osobitne cenný je aj pôvodne gotický farský kostol z roku 1415 s najväčším počtom gotických krídlových oltárov na Slovensku.

113
Kežmarok, v nádvorí mestského hradu dominuje včasnobaroková kaplnka z roku 1658. Pôvodne gotický hrad zo 14. až 15. storočia, s renesančnou i neskoršou prestavbou, bol zrekonštruovaný pre potreby múzea. Kežmarok je mestskou pamiatkovou rezerváciou.

114
Prešov, štuková výzdoba neskorobarokového domu č. 22 na námestí je exteriérovou ukážkou životného štýlu 17. storočia, ktorý poznačil aj architektúru a výtvarné umenie. Barok svojou dynamikou, sklonom k monumentalizmu, pompéznosti a iluzívnosti poznačil mnoho sakrálnych i profánnych stavieb na Slovensku (napríklad salla terrena na hrade Červený Kameň a iné).

115
Renesančná veža kostola v obci Svinia pochádza z roku 1628. Jej atikové zakončenie je typické pre celý rad pôvabných renesančných veží východného Slovenska (Červenica, Jamník, Spišský Hrhov, Granč-Petrovce, Harakovce, Chmeľov, Chmiňany, Osikov a Badačov) z 1. polovice 17. storočia. Vežu renovovali roku 1982.

116
Podolínec, renesančná zvonica pri kostole, postavená roku 1659, je ukážkou hranolovitých spišských, samostatne stojacich zvoníc, pripomínajúcich bašty. Zdobí ju, podobne ako renesančné zvonice v Poprade-Spišskej Sobote, Strážkach a Vrbove, štítová atika. Najstaršia a najkrajšia veža tohto druhu je v Kežmarku (1568–1591).

117
Bočná loď gotického kostola v Štítniku. Pôvodné stredoveké i neskoršie nástenné maľby (najmä podľa talianskych vzorov) dali v polovici 17. storo-

čia protestanti zabieliť. Odkryté boli až pri reštaurovaní v rokoch 1899–1908 a 1908–1914. Kostol je národnou kultúrnou pamiatkou.

118

Trnava, interiér Univerzitného kostola, ktorý je jedným z najhodnotnejších výtvorov včasnobarokovej architektúry na Slovensku, bohato zdobený štukami (Giovanni B. Rosso, G. Tornini, Pietro A. Conti). Hlavný oltár sv. Jána Krstiteľa pochádza z rokov 1637–1640 (vytvoril ho B. Knilling z Viedne v spolupráci s domácimi majstrami V. Stadlerom, V. Knotkom, V. Knerrom a Ferdinandom), tvorí ho 27 sôch. Trnava bola od roku 1541 vyše dvesto rokov centrom cirkevnej administratívy Uhorska. Kostol s komplexom priľahlých budov a jezuitským kolégiom bol pre architektonickú hodnotu vyhlásený za národnú kultúrnu pamiatku.

119

Turzov dom (Mittelhaus) v Banskej Bystrici s renesančnou fasádou. Oswaldova prestavba určila objektu prevládajúci renesančný výraz, ktorý sa zachoval dodnes. Pôvodne neskorogotický dom prešiel v 50. rokoch 20. storočia veľkou pamiatkovou rekonštrukciou.

120

Pôvodne renesančné domy na námestí v Žiline na gotických základoch tvoria prízemnými arkádami po celom obvode štvorcového námestia súvislý krytý priestor. Prestavby domov najmä koncom 19. storočia a v 20. storočí značne znehodnotili pôvodný architektonický výraz budov.

121

Štátny hrad Červený Kameň, národná kultúrna pamiatka, sa spomínal ako kráľovský hrad už v 13. storočí. Podnikateľská a bankárska rodina Fuggerovcov dala hrad začiatkom 16. storočia prestavať na modernú pevnosť. Pri opravách po vyhorení hrad od roku 1649 vybavili včasnobarokovými honosnými interiérmi, z ktorých sa najvyššie hodnotí maliarska a štuková výzdoba sally terreny. Po súčasnej, viac ako 12-ročnej oprave je objekt znovu sprístupnený verejnosti.

122

Zrúcaniny Čachtického hradu (pri Piešťanoch) pustnú od roku 1708, keď bol hrad vypálený počas stavovského povstania. Hrad sa stal povestným krvilačnými výčinmi Alžbety Báthoryovej, ktorej padlo za obeť niekoľko desiatok mladých dievčat. Osobitný súd ju odsúdil len na doživotné väzenie v dolnom hradnom kaštieli.

123

Bratislavský hrad z nádvoria (od severu). Roku 1811 hrad vyhorel a odvtedy pustol (volali ho „obrátenou stoličkou Márie Terézie"). Novej slávy sa dožil až po druhej svetovej vojne. Po rekonštrukcii slúži od roku 1962 na reprezentačné ciele Národnej rady SR, je tiež sídlom Historického múzea a expozícií Slovenského národného múzea. Hrad je národnou kultúrnou pamiatkou.

124

Bratislava, anglické gobelíny v Primaciálnom paláci. Šesť diel z anglickej kráľovskej gobelínky v Mortlake zo 17. storočia je inštalovaných v slávnostných sieňach na prvom poschodí. Gobelíny čerpajú námety zo starogréckej báje o Hére a Leandrovi.

125

Bratislava, tzv. Pompejská sieň v Starej radnici (v západnom krídle) s valenou klenbou (1583) má bohatú ornamentálnu výzdobu podľa pompejských a herkulánskych vzorov od C. Engela; je z roku 1878. Sieň a jej zariadenie je súčasťou rozsiahleho komplexu miestností so zbierkami Mestského múzea v Bratislave.

126

Bratislava, Michalská veža v historickom jadre mesta. Najzachovanejšie stredoveké hradby na Slovensku majú síce mestá Levoča, Bardejov a Kremnica, no Michalská veža a brána v Bratislave je ešte známejšia. Je zvyškom fortifikačného systému slobodného kráľovského mesta Bratislavy, ktoré malo tri a v 15. storočí až deväť brán. Zachovala sa len Michalská brána (asi z roku 1411) s hranolovou vežou (1511–1517) a cibuľovitou rokovou strechou (1758).

127

Bratislava, portál paláca maršala Leopolda Pálfiho, rodáka z Viedne, strážcu uhorskej koruny (1758) a hlavného veliteľa uhorských vojsk (1763). Trojpodlažná päťkrídlová budova paláca s dvoma dvormi pochádza z konca 1. polovice 18. storočia, z čias horúčkovitej stavebnej činnosti v Bratislave v prvých rokoch po nástupe Márie Terézie (1740–1780) na trón, ktorá zvýhodnila jej poslušnú šľachtu.

128

Slovenské národné divadlo v Bratislave je romantická architektúra, postavená v novorenesančnom výraze roku 1886 podľa projektov F. Fellnera a H. Helmera. Pred budovou je Ganymedova fontána z roku 1888 od V. Tilgnera. Nová, moderná, rozsiahla budova Slovenského národného divadla neďaleko bratislavského prístavu je pred dokončením.

129

Bratislava, vstupná hala s balustrádou v Grasalkovičovom paláci. Bayerove alegorické postavy z pieskovca – Dávid, Šalamún, Jar a Jeseň – sú z konca 18. storočia. Pôvodný letný pavilónový palác dal postaviť do francúzskej záhrady po roku 1760 prezident Uhorskej komory Anton Grasalkovič. Teraz sídlo prezidenta.

130

Bratislava, gotický trojloďový halový Dóm sv. Martina (14.–15. storočie) s presbytériom, vežou, troma gotickými kaplnkami a barokovou kaplnkou sv. Jána Almužníka.

131

Hrad a Dóm sv. Martina, starobylé symboly mesta nad Dunajom. Na vrchole ihlanovitej veže Dómu je pozlátená kópia uhorskej svätoštefanskej kráľovskej koruny na poduške – symbol korunovačného kostola, v ktorom boli od 16. do 19. storočia korunovaní uhorskí králi a kráľovné z habsburskej dynastie.

132

Žilina – Budatínsky zámok, v drotárskom múzeu. Drotárstvo ako vandrovné zamestnanie slovenského ľudu siaha do polovice 18. storočia. Práca od prostého plátania deravých hrncov až po rozsiahle umelecké výrobky z drôtu, ocenené zlatými medailami na významných európskych výstavách v minulosti, patrí k histórii tohto remesla. Drotári putovali za prácou nielen po Európe, ale aj do Malej Ázie a Ameriky. Históriu lesku i biedy drotárstva a slovenského vysťahovalectva dokumentuje drotárske múzeum ako súčasť expozícií Považského múzea a galérie v Žiline.

133

Paličkovanie čipiek v Španej Doline má ako organizovaná činnosť v tejto bývalej banskej osade vyše storočnú tradíciu. Pre zárobkovú činnosť ho obnovilo v niektorých pôvodných strediskách na Slovensku Ústredie ľudovej umeleckej výroby.

134

Okno domu vo Východnej počas folklórnych slávností. Konajú sa v tejto podtatranskej obci každoročne od roku 1953. Festival je (od roku 1979) členom medzinárodnej organizácie usporiadateľov folklórnych podujatí pri UNESCO.

135

Pred posledným zachovaným ľudovým domom v Štrbe pod Vysokými Tatrami. Svokra upravuje neveste štrbský kroj.

136

Bábika v tradičnom myjavskom ženskom odeve s bohatou čipkovou výzdobou. Uhorský štát koncom 19. storočia v snahe zabrániť sociálnym nepokojom v banských oblastiach zakladal od roku 1893 štátne čipkárske dielne v pôvodných strediskách (Špania Dolina, Staré Hory, Hodruša, Kremnické Bane). Tak sa zásluhou baníckej nezamestnanosti dostávali slovenské čipky už pred sto rokmi do celého sveta.

137

Pozdišovce, výrobca ľudovej keramiky pri dekorovaní veľkých, až 80 cm vysokých váz s typickým pozdišovským glazovaným zdobením a farebnosťou. Dnes majú keramické výrobky z Pozdišoviec prevažne už len dekoratívnu funkciu, podobne ako výrobky ešte známejšej modranskej majoliky. Keramickej tvorbe sa venujú aj mnohí profesionálni umelci na celom Slovensku.

138

Trnava, holíčska fajansa z Parrákovej zbierky je majetkom Západoslovenského múzea. Parrákova zbierka, podobne ako zbierka P. Blahu a H. Landsfelda, ako výsledok celoživotnej zberateľskej činnosti, zachránila množstvo vzácnych predmetov najmä z keramiky, fajansy, majoliky a pod., ktoré dnes obdivujú návštevníci múzeí v Trnave, Skalici a inde.

139

Habánsky dom a krčah vo Veľkých Levároch. V 16. storočí sa do obce prisťahovali Chorváti a Habáni. Veľké Leváre sa postupne stali poľnohospodárskym a remeselníckym výsadným mestečkom, známym habánskou keramikou a džbánkarským riadom. V habánskej keramike, zhotovenej fajansovou technikou, dominujú typické nelomené farby vysokého ohňa: modrá, zelená, žltá a fialová.

140

Skalné obydlia v Brhlovciach (okres Levice) v andezitových tufoch. V chotári bývalých Horných Brhloviec existujú dodnes celoročné skalné obydlia, zložené z dvoch priestorov (pitvor-kuchyňa a izba). Maštale a komora boli osobitne vytesané v skale. Vznik obydlí sa dáva do súvislosti s vínnymi sklepmi (hajlokmi), ktoré už stratili svoju funkciu.

141

Terchovský muzikant z „Jánošíkovho kraja". Terchovská štvorka (často len v trojkovom obsadení) je archaickým prototypom husľovej hudby. Charakterizuje ju plný tvrdý zvuk združenia, vyplývajúci z častej hry na prázdnych strunách. Sprievodný spev je dvoj- a trojhlasný, jednoducho zdobený, hraný v terciách. Terchovskí hudobníci sú všade tam, kde sa prezentuje slovenská ľudová sláčiková muzika.

142

Detvanec na folklórnych slávnostiach pod Poľanou v Detve. Podpolianske slávnosti sú krajskou prehliadkou folklórnych súborov i sólistov. Udržiavajú naše ľudové tradície a priťahujú divákov nielen svojím špecifickým programom, ale aj prezentovanými krojmi.

143

Ľudový spevák Chvastek z Terchovej. Vďaka mnohým folklórnym slávnostiam nezaniká ani ľudová piesňová tvorba. Odovzdáva sa ďalším generáciám, obohatená o nové, súčasné prvky.

144

Predvádzanie starých ľudových zvykov na folklórnych slávnostiach v Myjave svedčí o tom, že aj mladí ľudia, účinkujúci v týchto programoch, sa živo zaujímajú o odkaz svojich predkov.

145

Ľudová architektúra v Čičmanoch, Radenov dom. Dom postavili počas rekonštrukcie obce (po veľkom požiari roku 1923) podľa pôvodných vzorov. Využíva sa na národopisnú expozíciu, ktorá dokumentuje a približuje kultúru tejto rázovitej slovenskej dediny spod Kľaku. Od roku 1977 je časť obce vyhlásená za pamiatkovú rezerváciu ľudovej architektúry.

146

Čičmianske ženy počas nakrúcania televízneho folklórneho filmu. Folklórna dokumentaristika je u nás trvalým námetom filmovej i televíznej tvorby. Prispieva tak k popularizácii hodnôt slovenského folklóru doma i v zahraničí, kde si ho vysoko cenia najmä vďaka vystúpeniam profesionálnych súborov (Slovenský ľudový umelecký kolektív, Lúčnica a iné).

147

Podbiel, oravské ľudové zrubové domy. V Podbieli sa dosiaľ zachovalo takmer 30 pôvodných drevených obytných domov z polovice 19. a zo začiatku 20. storočia, z ktorých časť sa prenajíma turistom a dovolenkárom.

148

Šaľa, typ ľudového domu z južného Slovenska so slamenou strechou a datovaním 1831 na brvne. Steny boli vytvorené z prútia vpleteného do kolov a z oboch strán ohádzané hrubou vrstvou hliny. V minulom storočí sa podobné domy stavali aj v bezprostrednom okolí Nitry.

149

Koceľovce, kovanie dverí pôvodne gotického portálu jednoloďového kostola z 1. polovice 14. storočia, v ktorom sa zachovali vzácne nástenné maľby z konca toho istého storočia.

150

Stará Halič, renesančná drevená zvonica pri kostole. Postavil ju mlynár J. Polóni roku 1673 v podobe zrezaného ihlanu. Pokrytá je šindľom, stojí pri starom katolíckom kostole z roku 1350, ktorý obnovili v rokoch 1904 a 1923.

151

Smrečany, detail maľby z bočného neskorogotického oltára, datovaného do roku 1510. Výjavy zo života sv. Alžbety sú ukážkou majstrovskej práce neznámeho maliara.

152

Rimavské Brezovo, nástenná maľba zo 14. storočia. Roku 1893 odkryli a reštaurovali biblické námety na stenách a klenbe bývalého presbytéria kostola. Cenné gotické nástenné maľby sa nachádzajú aj v ďalších kostoloch nielen v Gemeri.

153

Náhrobník z Madačky, zo zbierok Etnografického múzea Slovenského národného múzea v Martine. Náhrobník (19. storočie) je pozoruhodnou ľudovou kamenosochárskou prácou s reliéfnym dekorom. Podobné náhrobné kamene boli aj v Ábelovej, Nedelišti, Hornom Tisovníku a Lišove.

154

Drevený kostol v Miroli (okres Svidník) z roku 1770 je jedným z 27 chránených drevených sakrálnych stavieb na východnom Slovensku, ktoré sú ako celok národnou kultúrnou pamiatkou.

155

Svätý Kríž, artikulárny drevený evanjelický kostol zo zatopenej Paludze. Postavil ho tesársky majster J. Lang v rokoch 1773–1774. Svojou plochou 1 150 m^2 je najväčším svojho druhu v strednej Európe a pojme až do 5 000 osôb. Pri stavbe priehrady Liptovská Mara zatopili aj obec Paludzu. Kostol preto rozobrali a premiestnili 5 km južne, na okraj obce Svätý Kríž.

156

Interiér artikulárneho dreveného kostola v Hronseku pri Sliači, postaveného na murovanom základe v rokoch 1725–1726. Má pôdorys štvorca vpísaného do vnútorného oktogónu a poskytuje priestor pre 1 100 osôb. Vedľa neho stojí malá drevená baroková zvonica z 1. tretiny 18. storočia.

157

Jedlinka, typ dreveného kostola východného rítu z roku 1763 patrí do súboru chránených východoslovenských sakrálnych stavieb. Pravoslávny drevený barokový trojpriestorový kostol je zvonku architektonicky zdôraznený zvažujúcou sa kompozíciou troch stanových striech s cibuľovitými vežičkami a krížmi. Stavba neustále klesá a hrozí vážne poškodenie jej prekrásneho ikonostasu.

158

Leštiny, artikulárny drevený evanjelický kostol neďaleko Vyšného Kubína je jedným z viacerých podobných kostolov tohto druhu na Orave. Postavili ho v rokoch 1688–1689, renovovali roku 1853. Stavba v pôdoryse tvaru gréckeho kríža s emporou z troch strán poskytuje priestor pre zhromaždenie 900 osôb.

159

Kópie gotického rezbárstva vo Zvolenskom zámku vystavené na Svetovej výstave v Montreale roku 1967 sú z hlavného oltára Kostola sv. Jakuba v Levoči. Po stranách Madony sú reliéfy z bočných oltárnych krídel s námetmi „Rozchod apoštolov" a „Sťatie sv. Jakuba".

160

Madona zo Sásovej (sv. Žofia), gotická maľba (15. storočie) pochádza z kostola sv. Antona a Pavla pustovníkov. Je vystavená v Stredoslovenskom múzeu v Banskej Bystrici.

161

Bronzové dvere z vínnej pivnice Spišského hradu vlastní dnes Slovenské technické múzeum v Košiciach. Detail dverí z roku 1580 zdobia tri Grácie.

162

Z expozície ikon Šarišského múzea v Bardejovských Kúpeľoch. Ikona sv. Michala archanjela zo 16. storočia (s ikonografickými prvkami ruskej tradície) pochádza zo zaniknutého kostolíka v Rovnom pri Svidníku.

163

Lis na hrozno zo Sebechlebov patrí síce už do múzea, no vinohradnícka tradícia (od 11. storočia) pretrváva v Honte dodnes. Hontianska župa dosiahla najväčší rozkvet vinohradníctva okolo roku 1720.

164

Sebechleby-Stará Hora, vinohradnícke domce a pivnice z 18. a 19. storočia. Takmer dvesto pivníc na víno tu vytesali šikmo do skaly a nad pivnicami postavili vinohradnícke domce. Mnohé však prestavbami a prístavbami už pamiatkársky značne stratili na pôvodnosti.

165

Vlkolínec, dedina chránenej ľudovej architektúry v nadmorskej výške nad 700 m neďaleko Ružomberka je dostupná jedinou strmou, úzkou vozovkou. V obci sa zachovali takmer všetky drevenice, v ktorých žije ešte niekoľko starousadlíkov v spoločenstve „chalupárov", ktorí mnohé domy kúpili do osobného vlastníctva, čím sa zabránilo ich spustnutiu. Od roku 1991 je Vlkolínec zaradený do svetového kultúrneho dedičstva UNESCO.

166

Bardejovské Kúpele, Múzeum ľudovej architektúry Šariša patrí Šarišskému múzeu. Začalo sa budovať roku 1967, keď sem premiestnili pravoslávny drevený kostol zo Zboja (z roku 1766). Prvý drevený kostol (z Kožuchoviec) bol u nás premiestnený už roku 1925, dnes stojí na dvore Východoslovenského múzea v Košiciach. Záber ukazuje typický obytný dom a hospodársku stavbu z dolného Šariša (19. storočie).

167

Špania Dolina, banícky dom z 19. storočia patrí ku klenotom našej ľudovej architektúry. Podobné domy – obývané dvoma i viacerými rodinami – boli aj v Kremnických Baniach, Dolnom Turčeku, Hornej Štubni a Banskej Štiavnici.

168

Ždiar, ľudový dom upravený na turistické ubytovanie bol pôvodne typickým ždiarskym domom tzv. goralského typu. Dvor („zvernica") bol zo všetkých strán obostavaný drevenou stavbou, ktorá plnila všetky obytné i hospodárske funkcie. Obec Ždiar má asi 2 000 obyvateľov, no môže naraz ubytovať vyše 3 000 turistov. Ždiar je pamiatkovou rezerváciou ľudovej architektúry.

169

Múzeum slovenskej dediny v Martine. Národopisná expozícia v prírode sa začala budovať roku 1972 v Jahodníckych hájoch ako súčasť Etnografického múzea Slovenského národného múzea. Po dokončení má mať toto celoslovenské múzeum ľudovej architektúry okolo 500 objektov, čím sa splní sen Andreja Kmeťa i Dušana Jurkoviča.

170

Ľudový trojpriestorový dom v Bartošovej Lehôtke, reštaurovaný roku 1982, ukazuje, že aj v intraviláne obcí možno zachrániť nejeden skvost ľudovej architektúry.

171, 172

Mladé ženy a muž v goralských krojoch z hornej Oravy. Základné orientačné delenie slovenských krojov podľa regiónov sa člení približne na 32 skupín podľa územia. Úcta nielen ku krojom, ale aj k ľudovým tradíciám sa zachováva v ľudových súboroch, ktoré teraz hľadajú svoju novú tvár v zložitých ekonomických podmienkach.

173

Múzeum ľudovej architektúry Oravy v Brestovej pri Zuberci vo vstupe do Roháčov (1975) je len jedno z regionálnych múzeí (Nová Bystrica-Vychylovka, Pribylina, Stará Ľubovňa, Halič a pripravujú sa ďalšie).

174

Liptovské Revúce, drevený staroliptovský dom so šindľovou strechou uprostred nových murovaných domov v obci je už vzácnosťou, pripomínajúcou šikovné ruky i estetické cítenie ľudu, ktorý tu nemal ľahký život.

175

Zvyšok železiarskeho hámra nad Nižným Medzevom. Voda už nemá prečo krútiť koleso vodného náhonu. Spolu s mrazom, ľadom, vetrom i slnkom čas vytrvalo uberá z posledných dní starých strojov.

176

Sirk-Červeňany, slovenská vysoká pec z 19. storočia ako dôležitá technická pamiatka pripomína, že na Slovensku ešte roku 1870 bolo 54 takýchto pecí, z toho väčšina práve v Slovenskom rudohorí.

177

Oheň neba a zeme nad Slovnaftom v Bratislave vytvára obraz, aký Bratislava v minulosti nepoznala. Nový priemyselný gigant spracúva od roku 1962 najmä ropu z ruského teritória na moderné výrobky petrochémie. Slovnaft je najväčším vývozcom výrobkov chemického priemyslu na Slovensku.

178

Lesná úvraťová železnička v skanzene vo Vychylovke (Nová Bystrica na Orave). Je osobitá tým, že výškový rozdiel skoro štyristo metrov prekonáva v rozhodujúcich miestach bez zákrut vo svahu vycúvaním a protismerným nájazdom do vyššieho svahu, takže potrebuje oveľa menej miesta nielen na koľajište, ale aj na stavebné zásahy do terénu.

179

Stará lesná železnica pri Čiernom Balogu predstavuje zvyšok dopravnej trasy na zvoz dreva. Para v doprave u nás mala ťažký začiatok a smutný koniec; prvou železnicou (už v čase parného vlaku) bola konská železnica Bratislava – Trnava – Sereď (1839–1846). Dôvod konca? Krmivo pre kone bolo lacnejšie než uhlie.

180

Skalica, prvý slovenský Dom kultúry z rokov 1904–1905 je významnou secesnou stavbou na Záhorí. Budovu, pôvodne označovanú ako Spolkový dom, navrhol architekt Dušan Jurkovič. Na jej stvárnení spolupracovali Mikoláš Aleš a Joža Úprka, maliar života Moravského Slovácka.

181

Považská Bystrica, vitráže Spoločenského domu od akademického maliara Róberta Dúbravca a ďalšie výtvarné diela v interiéri a exteriéri tohto zariadenia sú dokladom vynikajúceho uplatnenia a pochopenia monumentálnej tvorby pri výstavbe objektov kultúry a umenia.

182

Mohyla Milana Rastislava Štefánika na Bradle, spolutvorcu česko-slovenskej štátnosti z roku 1918, ktorá trvala (s prerušením) 67 rokov. Keď sa Štefánik vracal 4. mája 1919 z Talianska vojenským lietadlom Caproni do Bratislavy, krátko pred pristátím sa dvojplošník nevysvetliteľne zrútil na zem a Štefánik so svojím sprievodom zahynul. Mohylu na Bradle postavili v rokoch 1927–1928 podľa projektu národného umelca arch. Dušana Jurkoviča. V súčasnosti je mohyla v rekonštrukcii. Malá pietna mohyla na mieste havárie lietadla je v Ivánke pri Bratislave.

183

Múzeum Slovenského národného povstania v Banskej Bystrici bolo založené roku 1955. Budova je dielom Ing. arch. Dušana Kuzmu. Expozície protifašistického povstaleckého múzea boli sprístupnené roku 1969 a znovu vybudované roku 1984 i upravované viackrát po roku 1990. V pozadí záberu je bašta – zvyšok fortifikačných stavieb stredovekého opevnenia mesta.

184

Bratislava, Slovenská národná galéria. Pôvodnú tereziánsku stavbu kasární premosťuje (na mieste už prv zbúraného štvrtého krídla) oceľová konštrukcia s rozpätím 54,5 m, čo umožňuje vizuálne spojenie a pohľady na historickú stavbu do dunajského nábrežia. Architektonické riešenie prístavby od V. Dedečka (realizované v rokoch 1967–1969) je len fragmentom pôvodného projektového zámeru, ktorý riešil úlohu komplexne až po hotely Devín a Carlton.

185

Náhrobník Andreja Kmeťa, prvého predsedu Slovenskej muzeálnej spoločnosti, na Národnom cintoríne v Martine pripomína horlivého organizátora slovenského vedeckého života. Usiloval sa o hospodárske povznesenie Slovákov, bol priekopníkom založenia Muzeálnej slovenskej spoločnosti (1895), ktorej bol až do smrti predsedom.

186

V múzeu – ateliéri národného umelca Martina Benku v Martine. M. Benka (1888–1971) bol zakladateľskou osobnosťou slovenského národného maliarskeho prejavu. Celé svoje dielo daroval roku 1960 štátu, za čo mu postavili ateliér – galériu, v ktorej pôsobil až do konca života. Takejto pocty sa dostalo aj maliarovi, národnému umelcovi Ľudovítovi Fullovi, ktorý má oveľa výstavnejšiu galériu v rodnom Ružomberku.

187

Martin, detail tretej budovy Matice slovenskej na Hostihore, realizovanej v rokoch 1964–1975 podľa projektu D. Kuzmu za spolupráce A. Cimmermanna. Výškovú časť novej dominanty martinskej siluety riešili systémom železobetónových stropov dvíhaných popri monolitnom jadre.

188

Veľká sála bývalého Domu odborov v Bratislave. Tvorí hlavný priestor pre kultúrno-spoločenské podujatia (s kapacitou 1 280 sedadiel) umeleckého a kongresového i obchodného centra Instropolis. Architektonicky striedmo pôsobiacu stavbu, obloženú pravým kubánskym mramorom, navrhli ako 2. časť stavebného komplexu architekti F. Konček a Ľ. Titl, realizácia v rokoch 1977–1980.

189

Nové divadlo v Nitre sa nachádza v centrálnej zóne mesta, a to pri vyústení pešej zóny do Svätoplukovho námestia. Činoherné divadlo Andreja Bagara s možnosťou hosťovania opery má dve sály: hlavná sála má kapacitu 600 miest, experimentálna sála 150 miest. Divadlo bolo odovzdané verejnosti na jeseň roku 1992. Autormi diela sú Ing. arch. Juraj Hlavica, Ing. arch. Štefánia Rosincová a Ing. arch. Márius Žitňanský.

190

Divadlo Jonáša Záborského v Prešove v centre mesta s kapacitou vyše 600 sedadiel v divadelnej sále a ďalšími veľkými viacúčelovými priestormi bolo odovzdané do prevádzky 14. 9. 1990. Autormi projektu sú architekti F. Jesenko, F. Zbuško a L. Domén.

191

Sanatórium Ozón v Bardejovských Kúpeľoch, s kapacitou 200 postelí, podľa projektu J. Schustera postavili v rokoch 1970–1976. Architektúra v kombinácii travertínu, betónu a sklených stien (okien) v hliníkových rámoch pôsobí popri známej kolonáde a starších i nových liečebných objektoch ako výrazný prvok celej panorámy kúpeľov.

192

Kolonáda v Bardejovských Kúpeľoch patrí k novým objektom, postaveným v 70. rokoch 20. storočia. V kúpeľoch sa liečia choroby tráviaceho traktu a nešpecifické choroby dýchacích ciest. Po Piešťanoch a Trenčianskych Tepliciach sú tretími najvyhľadávanejšími kúpeľmi na Slovensku.

193

Pax, liečebný dom v Trenčianskych Tepliciach, bol vybudovaný po roku 1960. Kúpele boli písomne doložené už roku 1379 a spomínajú sa ako najvýznamnejšie v Uhorsku už koncom 16. storočia. Kúpele v 19. storočí budoval a spopularizoval bankár Sina (kúpeľný dom Sina s kúpeľom Haman, postaveným v orientálnom štýle). V Trenčianskych Tepliciach sa liečia choroby pohybovej sústavy a nervové choroby.

194

Sanatórium Krym a hotel Jalta v Trenčianskych Tepliciach vytvárajú nové moderné centrum druhých najznámejších kúpeľov na Slovensku. Sanatórium Krym s kapacitou 250 postelí v lôžkovej časti projektoval M. Šavlík, hotel Jalta s kapacitou až 180 postelí V. Fašang.

195

Liečebný dom Diamant v kúpeľoch Dudince, vzdialených 95 km od Budapešti a 160 km od Bratislavy. S termálnymi kúpeľmi súvisí osídlenie už zo staršej doby bronzovej. Výrazný rozvoj kúpeľov nastal po roku 1966, keď sa začal stavať prvý nový kúpeľný objekt. Liečia sa tu choroby pohybovej sústavy a nervové choroby.

196

Sanatórium Central v kúpeľoch Smrdáky na Záhorí, neďaleko Senice, bolo dokončené roku 1992. Zakladateľom a mecenášom kúpeľov bol Jozef Vietoris (1832). Skupina pôvodne 14 prameňov dáva slanú, sírnu jódovú vodu, ktorou sa úspešne liečia kožné choroby a choroby pohybovej sústavy.

197

Turčianske Teplice: Modrý kúpeľ a Veľká Fatra. Liečebný dom s balneoterapiou a bazénom „Modrý kúpeľ" i staršími objektmi umožňuje liečbu 500 pacientov s 1 600 procedúrami denne. Veľkú Fatru (164 postelí) postavili v rokoch 1976–1984 podľa projektu J. Víteka. Aj zásluhou tohto objektu vzrástol počet postelí v kúpeľoch na Slovensku od roku 1949 takmer na trojnásobok.

198

Dom umenia Slovenskej filharmónie v Piešťanoch sprístupnili verejnosti roku 1980. Má hľadisko pre 620 návštevníkov, orchestrisko pre 80 hudobníkov. Stavbu projektoval F. Milučký, plastiku pred budovou vytvoril E. Venkov.

199

Piešťany, liečebný dom Balnea Esplanade od V. Uhliarika a Ch. Tursunova dokončili roku 1980. S kapacitou 520 postelí je len jedným z objektov celého Balneacentra (spolu 1 280 postelí) na kúpeľnom ostrove. Balneacentrum je najrozsiahlejším balneoterapeutickým komplexom na Slovensku. Svetoznáme kúpele v Piešťanoch navštevujú pacienti z celého sveta.

200

Piešťany, ubytovací komplex Thermia Palace bol dlhé desaťročia architektonickou dominantou kúpeľného ostrova najväčších slovenských kúpeľov. Kúpele Piešťany sa spomínali už v Zoborskej listine kráľa Kolomana I. z roku 1113.

201

Budova kúpeľov Irma s bahniskom v Piešťanoch bola dokončená roku 1912 a spojená vykurovanou chodbou s objektom Thermia Palace. Úspešná liečba chorôb pohybovej sústavy kúpeľmi v termálnej 26 – 33 °C teplej vode v rehabilitačných bazénoch i pomocou bahenných zábalov je svetoznáma.

202

Nemocnica s poliklinikou v Banskej Bystrici. Zdravotnícky komplex postavili v rokoch 1966–1981 podľa projektu Š. Imricha. Centrálne budovy s nemocničnou časťou do tvaru veľkého písmena H (Hospital) majú 1 108 postelí. Komplex poskytuje základné služby pre 50 až 60 tisíc obyvateľov a vysokošpecializované služby pre vyše pol druha milióna obyvateľov celého stredného Slovenska. Súsošie pred budovou je od P. Tótha.

203

Bratislava, administratívna budova Incheby vo výstavnom komplexe stavieb. V prvej etape (od roku 1978) sa vybudovalo 20 000 m^2 výstavných plôch, výšková administratívna budova, hotel so 650 posteľami, kongresová viacúčelová sála pre 2 500 osôb atď. Autor konceptu stavieb je architekt V. Dedeček. V pripravovanej II. a III. etape výstavby sa mal komplex rozšíriť o 65 000 m^2 výstavných plôch, osobný prístav na Dunaji a iné.

204

Stará Bratislava a výstavba Petržalky zo Slavína. Od roku 1976 sa začalo s rozsiahlou bytovou výstavbou 158-tisícového sídliskového mesta na pravom brehu Dunaja, na mieste starej zbúranej Petržalky. Po sídliskových súboroch Petržalka-Lúky a Háje sa budoval rozsiahly súbor Dvory (pre 24 000 obyvateľov).

205

Bratislava, televízny vysielač na Kamzíku projektoval S. Májek, J. Tomašák, J. Kozák, M. Jurica a J. Privitzer. Na centrálnom slovenskom vysielači vo výške 506 m nad morom je asi 78 m nad terénom vyhliadková kaviareň s otáčavou podlahou pre 80 návštevníkov. Stavba vysielača nákladom 120 miliónov Kčs bola realizovaná v rokoch 1967–1969.

206

Stavebná fakulta Slovenskej technickej univerzity v Bratislave svojou výškovou budovou patrí k tým stavbám, na ktorých sa prakticky overovali prvé skúsenosti s novými technológiami. Budovu s úžitkovou plochou 31 000 m^2 postavili v rokoch 1964–1973 podľa projektu O. Čierneho.

207

Univerzálna prevádzková budova v Bratislave-Petržalke je lokalizovaná do budúceho južného centra súborov stavieb hlavnej triedy. Dva výškové bloky pre 1 200 administratívnych pracovníkov realizoval Hydrostav Bratislava v rokoch 1980–1990. Autorom projektu je Rudolf Masný.

208

Budova Slovenského rozhlasu v Bratislave bola dokončená roku 1985. Náročná oceľová konštrukcia obrátenej pyramídy zavesená na železobetónovom jadre maximálne využíva dané územie v blízkosti dvoch dôležitých komunikácií novšej časti centra mesta. Atypickú stavbu projektoval Š. Svetko, Š. Ďurkovič a B. Kissling vo vtedajšom Štátnom výskumno-projektovom a typizačnom ústave v Bratislave.

209

Bratislava, Nový most a Dunaj z vtáčej perspektívy. Konštrukcia pylónu symbolizuje nové perspektívy a dynamiku rozvoja architektonickej tvorby a jeho konštrukčné riešenie sa stalo vzorom aj pre zahraničných architektov. Autormi projektu sú J. Lacko, L. Kašnír, I. Slameň a konštrukčnej časti A. Tesár, E. Hladký a P. Dutko. Do prevádzky bol odovzdaný roku 1972.

Oblasť okolia Bratislavy je vytypovaným najperspektívnejším regiónom v súčasnej Európe. Takto sa Bratislava i celé Slovensko stávajú nielen symbolicky, ale aj fakticky výraznou križovatkou lodnej, cestnej a železničnej dopravy i podnikania v obchode, turistike a cestovnom ruchu.

210

Rokovacia sieň slovenského parlamentu i ďalšie priestory sú obložené ušľachtilým drevom ako nosným prvkom celej interiérovej koncepcie. Zvolené vyjadrovacie prostriedky umocňujú spoločenský význam architektonického diela a účinnými znakmi monumentality vytvárajú jedinečnosť Národnej rady Slovenskej republiky.

211

Národná rada Slovenskej republiky v Bratislave na Vodnom vrchu, západne od Bratislavského hradu, bola vybudovaná nákladom 350 000 000 korún v rokoch 1985–1994 pri rešpektovaní primárneho pôsobenia hradu. Na projekte spolupracoval Prof. Ing. arch. Ľudovít Jendreják, zasl. umelec akad. arch. Ing. Peter Puškár, CSc., a Ing. arch. Ján Šilinger. Na výzdobe objektu sa zúčastnilo sedem významných slovenských výtvarných umelcov.

Na prednej strane prebalu: Choč (1 611 m) z Magury vo Veľkej Fatre.
Na zadnej strane prebalu: Bratislavský hrad a Dóm sv. Martina zo striech Starého mesta.

TEXT TO PLATES

1

Interior of the family house and museum of Jozef M. Petzval at Spišská Belá; 19th century studio camera. The show commemorates the life and work of an important Slovak mathematicien, professor, inventor and co-founder of modern photographic technology and optics. He lived between the years 1807–1891 and died in Vienna. Since the time Mr. Petzval calculated the first focal lens with a greater lighting capacity (in 1840), when exposure of a shot took „only" 30 seconds, the photographic technology has been greatly modernized, but creative thinking and acting, so important for any work of art, was not replaced by the new technology.

2

Two of my oversized focal lenses I photographed this book with. I worked with Rolleiflex T, Mamyia RB 67 Pro-S and Linhof-Kardan 9 x 12 cm cameras and used lenses from f 4/50 up to 11/550 mm. The interiors were illuminated or just partially lighted by Broncolor electronic flash equipment. I used, Agfa reversal films exclusively, less often Fuji.

3

The High Tatras and Belianske Tatras as seen from Matiašovce (title double-page). Along with the Západné Tatry (West Tatras) they form the highest mountains of the Carpathian Arch. 640 m to 2,655 m above sea level they create the partial border between Slovakia and Poland.

4

In the Slovak countryside, there are an unbelievable number of opportunities to explore natural beauties and interesting sights. There were about 120 natural formations, 340 protected areas, 50 caves and subterranean abysses, 5 national parks, 16 state reserves, almost 10 open-air museums, 17 towns with important curative waters and minerals springs, more than 100 lakes, water reservoirs, gravel-pits, dead-end channels of rivers, ponds, river basins, fishing grounds etc. recorded and listed even 20 years ago.

5

Confluence of the Danube and the Morava rivers from the Devín castle. A minor fort had been built before the 13th century on the headland overlooking the confluence of the two rivers to protect the important crossroads and the ford across the Morava river. At the time of the Slovak revival the ruins of the castle became a symbol of the bygone glory of our ancestors to Štúr's followers. The castle complex is a national cultural monument.

6

Morning on the border river Morava near Brodské. The Morava has been the border between the Czech and Slovak republics since January 1, 1993 when Slovakia became an independent state again (in accordance with the international right of national self-determination). Slovakia is a small country in the heart of Europe with a population of 5,356,000 and an area of 49,036 sq. km. At January 1, 1993 there were 19 European countries smaller in area with smaller populations than Slovakia.

7

The environs of Gašparová in the Little Carpathians is an ideal site for less demanding tourists who like recreation in sunny dales with leafy forests.

8

Bezovec, panorama of a part of Považský Inovec, mountainous region of about 600 sq. km in area. The range just exceeds by its highest peak the altitude of 1,000 m a.s.l. The winter snow cover lasts 60–80 days, summer counts 50–100 days per year. Hence, this charming area is the site of summer and winter tourism in Western Slovakia.

9

Early-evening mood in the Turiec, a significant geographical and historical region of Central Slovakia. The Turiec has left a deep mark on our national history; it ceased to exist as an administrative district (zhupa) in 1922, yet its name lives on (the Turiec hollow, etc.).

10

The Gerlach Mount in the centre of the Tatran panorama, the highest peak (2,655 m) of the highest mountain range of the Carpathian arch. Ascent to it from Sliezsky dom (Silesian house) and descent from it towards the Batizovce tarn (4 h) are both unusually exacting, although they are partially safeguarded with chains fixed in rock; the guidance of a mountain guide is recommended.

11

Early evening on the Veľká Domaša reservoir, built on the Ondava river between 1962–1967. The water reservoir, with an area of 15.1 sq. km, is the store of household water. It also contributes to the East-Slovakian lowland's anti-flood protection. Together with the scenic environment, it attracts numerous vacationers and sportsmen.

12

The Slovak Paradise and the hills of Hnilec as seen from Kráľova hoľa. The mountainuous relief of the Slovenské rudohorie country at an altitude of less than 1,500 m is formed by the Hills of Vepor, the Karst of Spiš and Gemer, the Hills of Stolice, the Hills of Revúca, the Slovak Karst, the Hills of Volovec and Black Mountain.

13

The High Tatras: a pathway from Veľká Svišťovka to Zelené pleso is open only during the summer tourist season to avoid the devastation to nature caused by the presence of too many hikers.

14

On the Senec lakes near Bratislava with a surface area of almost 80 ha; resulted from gravel extraction which exposed the water table of the Danube plain. The Senec lakes provide opportunities for swimming, water sports and fishing and are surrounded with chalets, serving as an important recreation area for Slovakia's capital Bratislava.

15

The remnant of Liptovská Mara, a village submerged by the waters of the reservoir, is now recalled solely by the church spire of the hamlet that has given it its name. Its construction between 1969–1975 required the evacuation of over 4,000 inhabitants from 11 villages that were inundated. This immense body of water has strikingly altered the face of Liptov below the town Liptovský Mikuláš and has become a popular spot for recreation, water sports and fishing.

16

Liptovská Mara lake and the surrounding landscape. The reservoir serves the energy-generating industry and with its 320.5 millionc. m of water, is the largest water reservoir in Slovakia. It is an important link in the system of seventeen Váh river dams and as to flood area (up to 27 sq. km), ranks third in Slovakia after that of the Orava dam and the Zemplínska šírava. Together with the Orava reservoir it controls the rates of flow on the Váh river from Bešeňová down to Komárno.

17

In the right lock of the Gabčíkovo canal. The need to build systems for navigation and for water management at Gabčíkovo – Nagymaros (according to the international agreement of 1977) arose from the task of making the Danube – Odra – Rhein waterway navigable and to avoid continuous falling ground water levels on both shores of the Danube river.

18

The main channel of the Danube at Hrušov before the area was submerged by the dam at Gabčíkovo. The dam and its systems of sluice-gates greatly improved sailing by large craft on the Danube at fords, difficult to maintain on the Slovak-Hungarian frontiers. The hydroelectric construction also increased the production of ecologically harmless electrical energy in Slovakia.

19

Lúčky, bathing under the travertine cascades of the Teplanka stream. There are springs of slightly acid waters, waterfalls on the travertine rocks in the environs, and a sanatorium for the treatment of gynaecological complaints at Lúčky.

20

The thermal swimming-pools at Kováčová near Zvolen and the lovely environment are among favoured locations. Slovakia boasts 20 regions of thermal waters with temperatures from 40 to 180 °C. The most noteworthy is the central depression of the Danubian basin where thermal waters are used especially in swimming-pools (Dunajská Streda, Čalovo, Patince, Štúrovo).

21

Kriváň (2,494 m) as seen from Všiváky in the West Tatras. The mountain ridges offer many uncommon views here. These are branches of parts of virgin Slovak nature over the hollow Podtatranská.

22

Volovec Mengusovský viewed from Mengusovský creek. It separates the hollow Hincova kotlina (with the largest and deepest Tatran tarn on the Slovak side) from that of Žabie plesá (or Frogs' Tarns).

23

The High Tatras – the Symbolic Cemetery below Ostrva above the Poprad tarn was set up on the initiative of the painter Otakar Štáfl in 1936 in memory of those who „lost their lives because of their love of the mountains". On the cemetery premises there is a stylized chapel, commemorative tablets and many carved wooden crosses of the Detvan type.

24

The Kriváň peak as seen from Veľká kopa Garajova. Kriváň (2,494 m) was already glorified as the prettiest and proudest Tatran peak by Štúr's adherents who saw in it the symbol of Slovak consciousness. They made the first ascent with Ľ. Štúr and J. M. Hurban at their head, on August 16, 1841. On the eastern slope of Kriváň is the source of the White Váh which, together with the Black Váh (rising under Kráľova hoľa), makes up the Váh – the longest Slovak river (403 km). The tradition of a national ascent to Kriváň has been preserved to this day.

25

Panorama of the Bielovodská valley in the High Tatras with the peaks (left to right) Mlynár, Vysoká (2,560 m), Nižné Rysy, Nižný Žabí and Eastern Mengusovský peaks. The valley, 6 km long, is also famous for the 10-hour hike from Javorina across the Váhy saddle to the tarn Popradské pleso.

26

The slope of the tower Kvetnicová veža and Silesian House in the morning light. The latter is the highest mountain hotel in the country (1,670 m). The Silesian Section of the Tourist Union constructed a chalet here between 1892–1895 which was repeatedly remodelled but finally was destroyed by fire in 1962. On its site the present Sliezsky dom – a popular goal for hikers – was put into operation in 1968.

27

The waterfalls on Veľký Studený creek beyond Hrebienok and below the Kamzík chalet, form a beautiful entry into the Veľká Studená valley in the High Tatras. There are three waterfalls – Malý (Small), Veľký (Big) and Dlhý (Long) – the latter is famous for the occurrence of dangerous whirlpool „pots".

28

The waterfall Večný dážď (Perpetual Rain) in the valley Velická dolina (famous for abundant sub-alpine plantlife. Before ascending the Gerlach Peak (2,655 m) along Velická próba, we may recall at least the best known Tatran waterfalls – Kmeť's Waterfall below Nefcerka, Vajanský's Waterfall in Temné Smrečiny (Dark Spruce growths), Skok (Leap) in the valley Mlynická dolina, Obrovský (Giant) Waterfall in the valley Malá Studená dolina and Hviezdoslav's Waterfall at the threshold of the valley Kačacia dolina.

29

The Lomnický and Kežmarský peaks from the Lomnický ridge. Thanks to the skytram built in 1940, Lomnický peak is the most frequented one in the High Tatras, with a unique panoramic view. The skytram from Tatranská Lomnica achieves an ascent of 1,620 m over nearly 6 km.

30

Štrbské pleso and the Low Tatras with Kráľova hoľa in the background, from the ski-jumps in the Dreamland sports complex. The tarn with its environs are the most popular spot in the High Tatras. It enjoys a great number of sunny days in the year and fine climatic conditions which, as far back as the end of the 19th century, stimulated the construction of sanatoria for the treatment of diseases of the upper respiratory tract. The addition of new, modern sanatoria only supports the outstanding therapeutic results.

31

Velická kopa as seen from the Tatra arterial road „Magistrála". It was completed in 1937 as a tourist trail 65 km long and runs through dwarf-pine covered, inaccessible slopes of the High Tatras. It takes three to four days of hiking to complete the four legs into which it is divided: Podbanské – Štrbské Pleso – Hrebienok – Veľké Biele pleso – Tatranská kotlina. The last leg – crossing through the Belianske Tatry – has been closed to protect the local plants and wildlife.

32

The High Tatras viewed from Rysy (view to the West). Not a single sturdy, able-bodied tourist will miss the ascent to Rysy (2,499 m), for from its top a magnificent 360° panoramic view opens to him.

33

The Belianske Tatras before a storm. The Belianske Tatras are the eastern sector of the Tatran National Park created in 1949. Since extraordinarily rare calcicolous plants prosper here and also the chamois reproduce here, the principal ridge is closed the whole year round over its entire length of 15 km.

34

The panorama of the Belianske Tatras as seen from the Polish border. The shot is dominated by the four hills of Ždiarska vidla, Havran (2,154 m), Nový vrch and Muráň. The village of Podspády is in the middle at the foot with fine coniferous forest in the forefront.

35

Rysy, Vysoká and Ostrva as seen from Štrbské pleso, a typical moraine lake (at an elevation of 1,346 m) on the southern slope of the High Tatras. In 1970 the hamlet Štrbské Pleso was the scene of the World Championships in classical ski events, for which a whole series of new sports buildings and tourist facilities were then constructed.

36

Volovec and Ostrý Roháč as seen from the Third Roháče tarn. The Roháče – in the dead end of the Roháče valley – is the most valuable territory of north-eastern Orava from the nature-scientific and landscape point of view. It has been a State nature reserve since 1974.

37

A spring morning at Oravice (with Polish Giewont on the horizon). A view from the Skorušina slope – the sun enters the Tichá valley from behind the Red Peaks (Červené vrchy) on the Polish-Slovak border of the High Tatras ridges.

38

The Orava reservoir – Slanický island in summer. Our „northern sea" was formed through the construction of the first postwar reservoir in Slovakia, put into operation in 1953. The waters inundated an area of 35.2 sq. km, submerging 4 large villages. Of Slanica only an island has remained – the top of a hill with the little church. While making a sight-seeing tour of the island one can drop in at the Museum of Folk Painting and Sculpture. The lake is a favourite spot with water sportsmen.

39

The rock formation Mních (Monk) at Tiesňavy in Vrátna valley is one of numerous bizarre and brittle limestone formations, quite challenging to climb, in Vrátna valley and Obšívanky. Folk fantasy has assigned to them richly metaphorical names such as Altar, Camel, Crocodile, Dancer, Organ, Pillar, Jánošík's Bench, Shepherds, the Great Falcon Tower and – in the Rozsutec sector – The Three Dogs, Pipes, Cockerel, Churn, Chimney and the like.

40

Spring in the Little Tatra range, below Rozsutec. Jánošík's country with his native village Terchová and with the bizarre Rozsutec is one of the most charming nooks for typical Slovak scenery.

41

The Gothic gate in the Rocks of Súľov over the narrow passage of the Súľov stream called Hradné. There is a unique set of surface formations, surface pillars, towers, rock gates and windows without equal throughout the entire Carpathian range which presents one of the most valuable natural rock „towns" in Slovakia.

42

The hall called Cintorín (Cemetery) in the Dobšinská Ice cave is a specimen of an enchanting, weird underground world, surrounded by summer nature. This is the biggest of our ice caves; it was opened over a hundred years ago (1871) and was the very first one to be electrically lit in Europe (1882). During the first 100 years, it was visited by over 2 million people. The bottom is covered with a floor of ice up to 25 m thick. It is prettiest in the spring when it is „abloom" with hoarfrost.

43

Multi-layered mineralwater lilies in the Demänovská cave of Liberty. Slovakia's karst wealth is among the greatest in the world. This small country boasts over 150 caves in an area of almost 3,000 sq. km of karst territory: 12 caves are accessible to the public: some of them, e. g. those of Demänová – are world-famous.

44

The Domica cave (close to Plešivec) that forms the longest (total length of over 22 km) cave complex of the Slovak-Hungarian border. There is a total length of 5,140 metres in Slovakia, but only 1,775 metres are open to the public. The most impressive experience is navigating the subterranean stream Styx in a boat. The cave was discovered by Ján Majko in 1926 and opened to the public in 1932.

45

A winter fairy tale scene from the downs Martinské hole – intact nature at an elevation of about 1,400 m a.s.l. A mere 2 km away is a busy winter sports resort with five ski tows (capacity of over 2,000 persons per hour).

46

Babia hora, Rozsutec, Steny, Stoh and Hromové viewed from Chleb. There are not many days in the year when visibility allows a good view of Babia hora (1,725 m) from Chleb on our side of the frontier with Poland, 50 km away as the crow flies.

47

The Low Tatras (Chopok and Ďumbier) as seen from Dereše. The Low Tatras are the only Slovak mountain range connected from both sides by a chair-lift (Jasná – Chopok – Srdiečko). The central part of the Low Tatras is dominant in competitive and tourist alpine skiing. It is the most frequented ski region in Slovakia.

48

Ďumbier, Chopok, Dereše and Poľana as seen from below the Siná peak represent only a 10 km-long section of the 95 km-long ridge of the Low Tatras. The latter, measuring 1,242 sq. km, form the most extensive orographic whole in the central part of Slovakia. The snow cover above the upper forest lasts 110–210 days a year, a most favourable feature for skiing.

49

The High Tatras and Belianske Tatras from the ridge of the Low Tatras within the grandiose panorama of rising peaks (from left): Vysoká (2,560 m), Končistá (2,476 m), Gerlach Peak (2,655 m), Bradavica (2,476 m), Javorový štít (2,418 m), Slavkovský štít (2,452 m), Ľadový štít (2,628 m), Lomnický štít (2,632 m), Kežmarský štít (2,558 m) and part of Belianske Tatras.

50

Nová hoľa (1,370 m) on Donovaly with a chair-lift from below Mišúty is included among the places much-frequented for skiing and summer hiking between Ružomberok and Banská Bystrica. Immense high and low slopes of a difference of 400 m recently have became an ideal place for the new sport of paragliding.

51

The Low Tatras: Vrbické pleso in Demänovská valley is the only permanent lake in the Low Tatras. Its level is maintained by a dam. The maximum depth is 4 metres. The well-known Mikulášska cottage is situated on the lakeshore.

52

The western part of the Low Tatras as seen from Salatín (1,163 m). The tiring 3-hour-climb gradually reveals lovely panoramic views of the Slovak mountains. The shot also includes a view of the Veľká Chochuľa group (1,753 m) and ridge.

53

The Tomášov view in the Slovak Paradise (680 m) close to Čingov over the valley Hornád's break immortalized by boating men, belongs to the best--known and most-frequented part of the charming Karst of Spiš and Gemer. Many waterfalls in deep valleys and the passages through them make the region a real hikers' paradise.

54

Čierny kameň in the Veľká (Great) Fatra from the Veľká Turecká valley. The meadowy pattern of the 45 km-long range alternates with the rocky sector of Čierny kameň (Black rock), from below which the 24 km-long Ľubochnianska valley, the longest in the Veľká Fatra range issues. The protected landscape region has three other well-known valleys, viz. of Gader, Necpaly and Belá.

55

Zádielska valley, a State nature reservation (since 1954) in the Slovak Karst. Erosion of the Middle Triassic limestones gave rise to a 300 m-deep gorge and defile abounding in mountain, sub-alpine, and also thermophilous Pannonian plant species. The rocky defiles are also the nesting place of rare birds of prey.

56

Choč (1,611 m) and Prosečné as seen from behind Podchočská brázda. The three most beautiful peaks in Slovakia are Kriváň, Rozsutec and Choč. No wonder that the Slovak poet P. O. Hviezdoslav celebrated Choč, for it is really beautiful regardless of the direction from which it is looked at – from the Liptov or Orava regions.

57

The Tatras of Kráľova hoľa; Kráľova hoľa (1,948 m) as seen from Ondrejisko where not even hikers' trails lead. When on Ondrejisko, there is an uncommon view of Kráľova hoľa, the beautiful peak connected with the Jánošík legends and which is situated in the Slovak mountains. It is visible from Štrbské pleso in the High Tatras, too, opening in front of you.

58

A sunflower field in the area of the Nitra river-basin, such a big area sown with sunflowers is gradually becoming rare.

59

The slopes of the Little Carpathians with vineyards bear proof to the continuity and vitality of viticulture here, especially since the 11th century to the present. Vine cultivation gradually spread practically all over Slovakia, but especially to the regions (or zhupas) of Trenčín, Nitra, Hont, Abov, Tekov and Zemplín.

60

Kulháň, a protected reservation of old oak trees at Považský Inovec near the village Prašice, was declared a protected area in 1972. Some 70 oak trees are protected here whose age is estimated at 200 to 600 years, the largest of them having a girth of 670 cm. Not far from Kulháň is the famous water sport recreational resort Duchonka.

61

Dobroč – a primeval forest in the Slovak Ore Mountains. This locality, the oldest primeval forest in Slovakia, was declared a State nature preserve as early as 1913. It lies on the slopes of Veľký Grúň, some two hours' walk from the village Dobroč. The intact forest reservation is made up of spruce, fir, ash, mountain maple and beech trees – some of which are over 400 years old. The reservation is separated from the surrounding forests by swaths of protective belt.

62

The Ružín reservoir (below Šivec) forms part of the hydroelectric system of power stations between Margecany and Ružín. The dam is 14.5 km long and has an area of 3.8 sq. km. It was constructed between 1963–1973 (to ensure a trouble-free running of the East-Slovakian Iron Works). Hemmed in by forests, it creates a pleasant suburban recreational hinterland, especially for Košice.

63

Pieniny – rafting through the Dunajec gorge is an unforgettable experience to visitors of the bilateral (Slovak-Polish) Pieniny National Park. The wild waters of the Dunajec have created 5 deep meanders in the Gorge. Our leg of the river between Červený Kláštor and Szawnica Nižna (Poland) is 6 km in length. The Pieniny National Park (PIENAP) was created in 1967.

64

Before sunrise at Zemplínska šírava lake. After the Orava reservoir, this water reservoir is one of the three biggest in Slovakia (area 33.5 sq. km); it serves mainly to supply water for industry and agriculture. It was constructed in 1961–1965. The region is one of the sunniest in Slovakia and is annually visited by over a million holidaymakers.

65

Bzovík, inside the tower of a fortified cloister. The founding of a Premonstratensian monastery at Bzovík (1127–1131) is mentioned in connection with the name of king Béla II who donated property to it and established the abbey. In the mid-16th century Sigismund Balaša occupied the monastery, drove away the monks and fortified it against the Turkish threat. However, the monastery was not conquered by the Turks, but ultimately by Thökölyi's armies (1678). The monastery, abandoned since the 19th century, fell into decay and was finally destroyed during World War II. This protected monument was partly repaired in the early 70s.

66

The Beckov castle closes off the Považie valley. Together with the Trenčín castle it guarded the western frontier of Upper Hungary in the 13th century. In the 14th century it was conquered by Matthew Czák of Trenčín, one of the most influential feudal lords of the times. The castle, to which the Turks had vainly laid siege (1599), fell prey to flames (1729) and lay in ruins. It is being partially restored as a national cultural monument.

67

The Topoľčany castle on the edge of Považský Inovec, some 15 km distant from Topoľčany, was constructed in the mid-13th century. It was repeatedly rebuilt and extended (particularly at the time of the anti-Turkish wars), but ultimately, uninhabited, it deteriorated into ruins. Nothing but a striking silhouette has remaind of it, with a tower in a romanticized style, completed in the 19th century.

68

Trenčín, entrance to the Trenčín castle, one of the best-known in Slovakia. The first written record on our territory from 179 A. D., is carved into the castle rock at the foot of the hill, and speaks of the defeat of a Germanic tribe by the 2nd Roman legion. The name of the famous owner of the castle Matthew Czák of Trenčín (1260?–1321), known as „the Lord of the Váh and the Tatras" is but a part of the rich history of this fortified landmark soaring above the town.

69

The Trenčín castle as seen from the Váh river. At the present time, reconstruction work is restoring the Trenčín castle to its shape at the end of the 15th and early 16th centuries, when it was in the hands of the Zapolya family. The Upper Castle houses the exhibitions of the Trenčín Museum. The Trenčín castle is a national cultural monument and the most striking landmark of the middle Váh river valley, abundantly rich with legends.

70

The panelled ceiling in the so-called Golden Hall at Bojnice château, with a copy of the portrait of the owner John Pálffy. At a time when numerous rare buildings in Slovakia were falling into ruins, Pálffy successfully rebuilt the Bojnice château (1899–1909).

71

A new stairway in the Bojnice château in the picturesque tower is one of the recent modifications of the building. Its owner count John Pálffy, had the château rebuilt between 1899–1909 in the style of the French romantic castles in the Loire valley. The Bojnice Castle (museum of neostyles), together with its beautiful surroundings, sulphuretted baths (first recorded in 1113) and large ZOO, anually attracts many Slovak visitors as well as foreign tourists.

72

The château courtyard at Topoľčianky. Originally a Renaissance manor. In 1825–1830 a classical annex was added at the site of the southern wing, which served as the summer residence to the first president of the republic. In 1960, the château was donated by the government to the Trade Unions. The château, encircled by one of the largest English-style parks in this country, together with the game preserve (breeding of bisons) and the fine forest environs, traditionally ranks among the most frequented spots in Slovakia. The château is a national cultural monument.

73

The Nitra castle, a complex of buildings on the Castle Hill. The castle, the episcopal palace, the episcopal cathedral and ramparts, together with the archaeological sites at the Slav settlements of Chrenová, Zobor, and the Slav burial-ground at Lupka, have been declared national cultural monuments. Although Nitra (originally Nitrava) boasts of a remote history with written evidence of the earliest Christian church in Slovakia (833), the present-day baroque form of the Nitra castle dates from 1706–1736. Nitra has experienced times of glory (during the Great Moravian Empire it was the seat of the Nitran principality of Princes Pribina and Svätopluk), but also times of decline (from a free royal town it became a feudal commune of the bishopric in 1288). It was devastated by practically every war, rebellion and incursion that took place in Slovakia over the centuries, so that not many of the original buildings have been preserved.

74

An early-Romanesque rotunda at Skalica (in the centre of the picture) is a national cultural monument. It was built in the 11th century. Other outstanding Romanesque monuments include St George's little church at Kostoľany below Tríbeč (from the 11th century), the little church at Dražovce near Nitra (early 12th cent.) and the authentic late-Romanesque cathedral at Spišská Kapitula (from 1245–1273), as well as other bigger and smaller sacred buildings dispersed all over Slovakia.

75

The facade of St Martin's Dome at Spišská Kapitula. The dome dates back to the period between 1245–1273. The cathedral was originally built as a basilica with three naves. Spišská Kapitula, a small fortified monastery village situated on the slopes above Spišské Podhradie is, as in the past, a centre of Catholic religious life.

76
Bíňa (in the originally Roman church) a hunter's relief motif on the capital of the pillar dates back to the 13th century. Along with the sitting lion called Leo Albus, a Roman sculpture from the second half of the 13th century (situated at the north entrance of St Martin's Cathedral at Spišská Kapitula) it belongs to the earliest sculptures in Slovakia. The whole of Spišská Kapitula, a small fortified parish on the slope over Spišské Podhradie, is, as it was before, a centre of Catholic church life. It is also a city memorial.

77
The castle of Spiš and Spišské Podhradie as seen from Spišská Kapitula. The castle is an internationally recorded UNESCO monument. The Spiš castle, the biggest one in Slovakia, and the whole of Central Europe, ruled over Spiš since 1209. As an impregnable stone fortress, it even resisted the Tatar incursion (1241). The original Romanesque castle underwent numerous rebuilding and adjustments from the late-Gothic until the Renaissance (done by order of the Thurzos for residential purposes). After the fire of 1780 the castle began to go to waste and not even its last owners, the Czákys (1638–1945) – formerly the hereditary „zhupans" (district administrators) – of Spiš could save it from decay. Only the ongoing extensive reconstruction and conservation work will gradually allow the castle, with its three courtyards, to host exhibitions for the East-Slovakian Museum. A part of the upper castle has already been made accessible to the public. It is a national cultural monument.

78
The castle Lietava near Žilina is first mentioned in 1318 when it was already in the possession of Matthew Czák of Trenčín. The castle went on changing owners until, in the 2nd half of the 16th century, it fell, through marriage, to the Thurzo family in whose hands it stayed until the family died out. In 1729 the place remained uninhabited (only the archives were left in it) and when the heirs ceased to care for it in 1770, it gradually turned to ruins.

79
Starý hrad (Old Castle), a prominent feature near Strečno. „Starhrad" had already been a point of support and a toll station on the Váh river back in the 13th century. In the 14th century, together with the Strečno castle it played a leading role in the Upper Váh valley. It had numerous owners, Matthew Czák of Trenčín and the Pongrác family among them. Dissensions among the latter ultimately brought about its devastation and when the Turkish danger had passed, the castle lost its strategic significance. Today it lies in ruins, but remains the focus of many folk legends.

80
The Strečno castle, a national monument. The earliest reference dates back to 1321 and the castle is referred to as a „locus tributorum" (a toll station). It is interesting that in 1440 Jan Jiskra conquered the castle for Ladislav Pohrobok (i. e. a posthumous child). Due to their strategic position on the cliff overlooking the road in the Váh river valley the castle's ruins played an important role during the French partisans' participation in the Slovak anti-fascist uprising. After many years' conservation and reconstruction the castle was partially opened to the public in 1994.

81
The ruins of the medieval castle Vršatec (situated on an inaccessible rock) are an example of a fortification dating back to the second half of the 13th century. Over the centuries the castle often changed hands. During the uprising of Rákóczi it burned down and since 1708 it has lain in ruins. Only a few walls of the castle still remain standing.

82
Zvolen, a medieval royal castle, by its basic construction, represents the peak of Gothic architecture in Slovakia (2nd half of the 14th century). The castle underwent Renaissance and fortification adjustments which were carried out as late as the 18th century (especially for the needs of the Zvolen „stolitsa" = district), but ultimately it lost its significance and began to go to waste. Adjustment by the Care of Monuments Society began in 1894–1896, but a general reconstruction was carried out only in 1956–1969. The place is now used as the headquarters of a side department of the Slovak National Gallery and for the town's cultural needs. This national cultural monument is an inherent part of Zvolen's silhouette and of its fine environs.

83
The manor at Slovenská Ľupča near Banská Bystrica was famous back in the 2nd half of the 13th century as a hunting lodge of the king and his retinue. The Turkish threat required a reconstruction of the castle, nonetheless, the vassals of the Ľupča demesne paid dearly for the Turkish pillaging raids (1526–1718); from the village Poniky, the Turks carried 300 persons away into bondage and burnt down the village (1678). After the fire of 1860, the castle was gradually adapted and utilised for various purposes (orphan home for miners' children and later – until 1957 – a warehouse). Today it serves as a house of retreat for religious sisters.

84
Budmerice, a house of Slovak writers. The manor was rebuilt by John Pálffy in 1889 at a time when French models were being imitated. The building has insignificant architectural value today, but serves for working and recreational stays of Slovak writers.

85
The neo-Gothic manor at Rusovce near Bratislava is an example of how former residences can be turned to cultural aims. The manor was put up in the second half of the 19th century in a style imitating English Gothic. The English-style park is the scene of peace festivities as part of the Bratislava Cultural Summer.

86
Tesárske Mlyňany – castle in Arboretum, is used by the Slovak Academy of Sciences' Institute of Dendrobiology. The Arboretum was founded between 1892–1894 by its owner Štefan Ambrózy Migazzi, an amateur dendrologist, and his gardener Jozef Mišák. The Arboretum with 2,200 kinds of evergreen coniferous and leafy woody plants (particularly exotic) is among the most beautiful gardens of the world.

87
Spišská Belá, a castle at Strážky came into existence as a fortified watch-tower with a chapel in the 13th century. The oldest part is the Gothic palace, which dates back to the 15th century. The building underwent extensive static construction and conservation modifications, for the last time in the 1980's. Some of the works of Ladislav Medňanský, an important Slovak painter of the 19th century are related to the building.

88
The Smolenice castle in the Little Carpathians. The original fort with a guard function was built in the 14th century. It had several owners, till it passed in 1777 into the hands of John Pálffy. This family, originally of little significance, gained positions and extensive estates in western Slovakia (and also in Austria) not solely through distinction in the anti-Turkish wars, but also through political speculations. Nationalized after World War II, the castle was completed and adjusted in 1949–1957 for the needs of the Slovak Academy of Sciences (scientific and recreational stays, symposia, conferences, etc.).

89
The manor at Moravany nad Váhom near Piešťany. The original renaissance manor was built by order of Bishop Czáky in the 16th century. In 1881, a 2nd floor was put up behind the original high attic. The manor, with the original complex of outhouses, was adapted for work and recreational stays of artists. The adjacent park is adorned with wooden statues whose creators are participants of international sculpture symposia organized at Moravany.

90
The castle of Orava and the Orava river as seen from the north. Documents from 1267 described the building as a small medieval castle. In 1483 a residential palace was built in the central part of the castle. Extensive construction and reconstruction of the building were completed in 1886 when a museum was placed there. Serious structural damage led to extensive renovation of the castle in 1953. The view from the north is quite unusual as the picturesque upper castle perches on a narrow limestone cliff 112 metres above the level of the Orava river.

91

The mine lake Klinger in Štiavnica hills is an ingenious system of mine reservoirs, constructed almost 200 years ago in the environs of Banská Štiavnica. The reservoirs served industrial and water-economy purposes. Even today, 19 such works are still in operation, and some of them – particularly Počúvalské, Richnavské and Studenecké lakes – are simultaneously popular recreation sites.

92

Panorama of Banská Štiavnica with the Calvary Hill and the New Castle. In the Middle Ages this mining town, whose growing prosperity was stimulated by the lucrative extraction of silver, had spread terrace-like in the scenic environment of the Štiavnica hills. In 1564–1571 an anti-Turkish watch tower was put up – the New Castle – which together with the Baroque Calvary Hill (1754) forms to this day the dominant features of the town's panorama.

93

The Piarg Gate at Banská Štiavnica served a defensive function; it dates from 1554 and was remodeled in the Baroque style in the 18th century. In 1763 a Mining Academy was founded at Banská Štiavnica as the first technical college in the world. In 1782 the town had over 23,000 inhabitants (it was the third biggest town in what was then Hungary), but as of the 19th century it began to decline and its population decreased (in 1985 it numbered just over 10,000). The historical core is a memorial reserve and the Old Castle, together with 11 buildings of the former Mining Academy, is a national cultural monument. The Old and the New Castle, the Chamber Court, together with some further buildings, today serve the needs of the Slovak Mining Museum.

94

The Calvary Hill at Banská Štiavnica is the finest sacred complex of its type in Slovakia. It was constructed in 1744–1751 on the initiative of the Jesuit father F. Perger. The Calvary on the steep hill is made up of seventeen stations and five larger buildings situated within the axis of the architectural complex.

95

The castle Krásna Hôrka, an anti-Turkish fortress in Gemer, fortified in 1539–1545. The last owners of the castle were the Andrássy family (from 1642) who had it rebuilt and enlarged. It was badly damaged by fire started by lightning (1817). The very last inhabitant of the castle, Dionýz Andrássy, after the death of his wife Frances Hablavcová, had it remodeled into a family museum (1903). At Krásnohorské Podhradie he had a mausoleum built for his wife – one of the finest art nouveau buildings in Slovakia. Numerous literary legends attach to this castle. It is a national cultural monument and now serves as a museum of feudal life.

96

The manor house in Betliar (close to Rožňava) can be characterised in superlatives not only for the number of its visitors and the excellent condition of its collections and furniture, but also for its park, one of the largest in Slovakia. The foundations of the building, dating back to the 18th century, were rebuilt in the 19th century and the building became a hunting manor house. One section has been converted into a museum of world curios.

97

The remnants of the Plaveč castle, the northernmost Slovak guard castle. The remnants of its walls, together with the ruins of a bastion, form but a slight part of what was a significant castle which guarded the business road from the Šariš region to Cracow in Poland. The earliest record of it dates back to 1294, work being finished on it only in the middle of the 14th century. The problems of its last careless rearrangement for living purposes were finally solved by the fire of 1856. Since then the castle has been decaying continuously and is gradually being overgrown.

98

The Turňa castle on a hill adjacent to a karst plateau was constructed after the Tatar incursion in the 13th century. During the wars for the Hungarian throne it fell into the hands of Jan Jiskra and in 1652 fell into Turkish hands being finally destroyed during the anti-Habsburg rebellion in 1685.

99

St Elizabeth's Cathedral at Košice with St Michael's Chapel is a national cultural monument. The largest Gothic church in Slovakia, constructed in 1345–1508, it served as a model for similar buildings at Levoča, Bardejov, and even in Poland, Hungary and Transylvania. It has an artistically valuable interior with four Gothic altars and a royal loggia (similar to that in St Vitus's Cathedral in Prague).

100

Hronský Beňadik, Gothic church and monastery in the Hron river valley, upstream of the so-called Slovak Gate, is the most significant fortified sacred building in Slovakia. Work on it was begun in 1350. The facade with the peak-Gothic portal and abbey wing are featured. The building was fortified in the 16th century because of the Turkish threat, but also for fear of attacks by inhabitants of Banská Štiavnica. It belonged to the Benedictines. Today the abbey wing houses the Caritas Home. The whole complex is being prepared for general repairs. It is a national cultural monument.

101

Kremnica, the authentically restored Gothic Bella's House on the Square, in the well-preserved historical core of the town's memorial reserve, including buildings of the so-called Mázhaus-type of burgher house with an entrance portico or minor corridor.

102

Kremnica's town castle, a national cultural monument. The complex of houses preserved practically in their original condition dates from about 1388–1405. Kremnica (as a settlement where gold was already mined about the year 1000) is first mentioned in writing as Cremnichbana in 1328. In the Middle Ages Kremnica was one of the principal gold producers in what was then Hungary. About the year 1440 it was fortified with ramparts and was thus connected with the castle. In 1328 a mint was set up here – particularly famous for its golden ducats – which is still in operation today and is, by virtue of its 650-year-old history, the oldest in Europe.

103

The facade of Thurzo's House at Levoča with pseudo-renaissance graffiti was decorated by undergraduates of the school of applied arts in Budapest in 1903–1904 under the direction of Prof. Š. Groh. In 1958–1959 it was restored by M. Štalmach. This typical example of the house of a wealthy mediaeval burgher was achieved by the rebuilding in Renaissance style of two Gothic buildings in the 16th century.

104

Poprad-Spišská Sobota, the altar by Master Paul of Levoča from 1516 is the pride of St James's parish church. The burgher houses surrounding the church on the Square were originally Gothic, later rebuilt in Renaissance style (seven of the most valuable are being restored to their original state).

105

Levoča, Judas at the Last Supper, by Master Paul of Levoča is from the altar in St James's church. One of the highest late-Gothic cupboard-type altars in Central Europe (18.5 m high and 6 m wide) was made with the help of co-artists in 1508–1515. Likewise three central statues on the altar are by Master Paul.

106

The apostle James by Master Paul of Levoča also comes from the predella of the main altar in St James's church. Master Paul held a prominent place among contemporary artists; in 1527–1528 he was inscribed on the roll of the councillors. He was invited to Levoča in all probability in 1500 by J. Thurzo, a Cracow burgher originating from Betlanovce, who also did business in Poland.

107

Levoča, a cross-ribbed corridor in the Minorites' cloister from the 14th century. The Gothic arcaded corridor, enclosing on four sides the centre of the monastery (a Gothic courtyard), is attached at the old town ramparts to a three-nave church.

108

Levoča, the Town Hall and St James's church in the civic memorial reserve. The former, originally a three-wing building, has an attic superstructure after the manner of the Polish Renaissance. The Gothic church of a pseudo-basilica type was completed before 1400. Inside the church the famous carvings are by Master Paul and those from his workshop.

109

Levoča, the early-Renaissance portal in the house on the Square (No. 40) carries the date 1530. The house is from the 15th century (it was restored in 1982). The architecture and monuments of art in Spiš recall power struggles, but also the promotion of trades and commerce; they are marked by multi-national influences. And the towns Levoča and Kežmarok waged irregular wars together (in the 1st half of the 16th century).

110

Spišský Štvrtok, St Ladislaus's church with the chapel of the Zapolya family near the southern side of the church nave. In 1473, Štefan Zapolya, hereditary „zhupan" of Spiš and the Hungarian Palatine had a Gothic storeyed chapel, destined for him and his family, built as an annex to the original Gothic church from the 13th century with Romanesque elements.

111

Bardejov, a part of the original Gothic houses from the 14th century in the historical core of the town has preserved their Gothic-Renaissance character to this day although it has undergone several partial adjustments and renovations.

112

The late-Gothic townhall in Bardejov was built between 1505–1508 in the period of the town's greatest prosperity. The townhall is situated at an isolated position not only in the middle of the historic square, but also in the middle of the whole town memorial area. There were about 500 houses and 3,000 inhabitants living in Bardejov at the end of the 15th century. The townhall was reconstructed for the last time in 1993 and it is numbered among the treasures of Slovak historic architecture. The original Gothic parish church dating back to 1415 which has the largest number of Gothic wing altars in Slovakia, is also especially valuable.

113

Kežmarok, an early-baroque chapel from the year 1658 dominates **the courtyard of the town castle.** The original Gothic castle from the 14th to 15th century with Renaissance and later rebuilding has been reconstructed as a museum. Kežmarok is a civic memorial reserve.

114

Prešov, the stucco decoration on the late-Baroque house at No. 22 on the Square is an extreme example of the life style in the 17th century which left its mark on architecture and fine art. The Baroque, by its dynamism, its propensity towards monumentalism, pompousness and illusiveness, imparted its hallmark to many sacred and profane buildings in Slovakia (for instance the salla terrena at the castle Červený Kameň – or Red Stone, and others).

115

The Renaissance tower of the parish church at the village Svinia dates from 1628; its attic-like termination is typical of a whole series of charming Renaissance towers in Eastern Slovakia (Červenica, Jamník, Spišský Hrhov, Granč-Petrovce, Chmeľov, Chmiňany, Osikov and Badačov) dating from the 1st half of the 17th century. The tower was renovated in 1982.

116

Podolínec, a Renaissance belfry next to the church, constructed in 1659, is an example of prismatoid, self-standing belfries in Spiš, reminiscent of bastions. It is ornamented – in a similar manner to the Renaissance belfries at Poprad, Spišská Sobota, Strážky and Vrbov – by a gabled attic. The oldest and the prettiest steeple of this type is at Kežmarok (1568–1591).

117

The side-nave of the Gothic church at Štítnik. Originally mediaeval paintings and later murals (principally according to Italian models) were whitewashed in the mid-17th century and were uncovered only in 1899–1908 and 1908–1914. The church is a national cultural monument.

118

Trnava, interior of the University Church which is one of the most valuable works of early-Baroque architecture in Slovakia, richly ornamented with stucco works (G. B. Rossi, G. Tornini, P. A. Conti). The main altar dedicated to St John the Baptist dates from 1637–1640 (it was built by K. Knilling from Vienna in collaboration with local masters – V. Stadler, V. Knotko, V. Knerr and Ferdinand); it numbers 27 statues. From 1541 Trnava was for over two hundred years the centre of ecclesiastical administration of Hungary. The church, with the complex of adjacent buildings and the Jesuit college, has been declared a national cultural monument due to its architectural value.

119

Thurzo's House (Mittelhaus) at Banská Bystrica with a Renaissance facade. Oswald's reconstruction gave the building its prevailing Renaissance character which has been kept until today. The house, originally a late-Gothic one, underwent an extensive conservation reconstruction in the 50's.

120

Original Renaissance houses in the Square at Žilina with Gothic foundations. Their porticoes form a continuous covered space all along the square. The houses' reconstructions, especially at the end of the 19th and beginning of the 20th centuries, have detracted from the original architectural character of the buildings.

121

The state-owned castle Červený Kameň, a national monument, was already being referred to as a royal castle in the 13th century. The Fuggers, a merchant and banking family, had it rebuilt in the beginning of the 16th century as a modern fortress. Repairs carried out following a fire allowed the castle to be furnished with luxurious early Baroque interiors of which the most valuable is the painting and stucco decoration of the salla terrena.

122

The ruins of the castle of Čachtice (close to Piešťany) have been deteriorating since 1708 when the castle was burnt down during an uprising against the nobility. The castle is notorious for the heinous crimes of Alžbeta Báthory who bathed in the blood of young girls in order to stay young forever. A special court only sentenced her to life imprisonment in the lower castle.

123

The Bratislava Castle from the courtyard (as seen from the north). In 1811 the castle was burnt down and was then left to ruin (it was called „Maria Theresia's upturned chair"). It regained some degree of new fame after World War II and after its reconstruction, it has served, since 1962, the representative aims of the Slovak National Council and is the seat of the Historical Museum – the Slovak National Museum. The castle is a national cultural monument.

124

Bratislava, English tapestries in the Primatial Palace. Six pieces from the English Royal tapestry workshop at Mortlake from the 17th century are installed in the ceremonial halls on the first floor. They draw their subjects from the ancient Greek legend of Hero and Leander.

125

Bratislava, the Pompei Hall in the Old Town Hall (in the western wing) with a cradle vault (1583) has rich ornamentation according to Pompeian and Herculean designs by C. Engel and dates from the year 1879. The hall and its furnishings form part of an extensive complex of rooms with collections of the Town Museum in Bratislava.

126

Bratislava, Michael's Tower in the town historical core. The towns Levoča, Bardejov and Kremnica have indeed the best preserved mediaeval ramparts in Slovakia, yet Michael's Tower with the gate in Bratislava is even more famous. It is a remnant of the fortification system of the free royal town Bratislava which had 3, and in the 15th century as many as 9, gates. Of these, only Michael's Gate has been preserved (from about 1411) with its prismatoid tower (1511–1517) and an onion-shaped roof (1758).

127

Bratislava, the portal of Marshall Leopold Pálffy's palace – a native of Vienna, the keeper of the Hungarian crown (1758) and the commander-in--chief of the Hungarian armies (1763). The three-storeyed, five-winged building of the palace with two courtyards dates from the 1st half of the 18th century, from the times of a feverish construction activity in Bratislava in the first years of Maria Theresia's ascent to the throne (1740–1780) to the advantage of obedient, submissive nobles.

128

The Slovak National Theatre in Bratislava is a romantic building built in the Neorenaissance style in 1886 according to the designs of F. Fellner and H. Helmer. There is Ganymedes' fountain of 1888 by V. Tilgner in front of the theatre. The new theatre, a large and modern building, situated close to the Bratislava port, is to be finished soon.

129

Bratislava, the entrance hall with a balustrade at the Grassalkovich Palace. Bayer's allegorical figures of sandstone – David, Solomon, Spring and Autumn – date from the end of the 19th century. Originally a summer pavilion-type palace, it was built on the orders of the president of the Hungarian Chamber, Anton Grassalkovich, in the French garden in 1760. Now the residence of the president.

130

Bratislava, St Martin's Gothic triple-nave cathedral (14th–15th century) with the presbytery, spire, three Gothic chapels and St John Almoner's chapel.

131

The castle and St Martin's Cathedral, ancient symbols of the town on the Danube. Atop the pyramidal steeple is a gilt crown on a cushion – symbol of a coronation church in which Hungarian kings and queens from the Habsburg dynasty were crowned from the 16th until the 19th century.

132

Žilina – the Budatín castle, interior of the Tinkers' Museum. The tinkers' trade as a Slovak travelling occupation dates back to the middle of the 18th century. A range of jobs from plain mending of pots with holes up to immense works of art made from wire are included in the history of this trade. The tinkers wandered not only in Europe, but also across Asia Minor and to America. The history of the tinkers' fame and hardship is documented in the Tinkers' Museum which is a part of the collections belonging to the Museum of the Považie region and the Gallery at Žilina.

133

Bobbin-lace making at Špania Dolina – as an organized activity in this erstwhile mining hamlet, it enjoys a tradition over one hundred years old. It has been resumed as a profit-making activity in some original centres in Slovakia by the Slovak Centre of folk art production.

134

Window of a house at Východná during the folklore festival which has been held in this sub-tatran hamlet every year since 1953. Since 1979 the festival has been a member of the International Organization of Folkloric Events, attached to UNESCO.

135

In front of the last preserved folk house at Štrba below the High Tatras. The mother-in-law is adjusting a local folk dress worn by her daughter-in--law.

136

A doll in Myjava dress with rich lace ornaments, typical costume for adult women of the region. Towards the end of the 19th century the Magyar state, in an effort to prevent social unrest in mining areas, began to promote, from 1893, lace-making workshops in the original centres (Špania Dolina, Staré Hory, Hodruša, Kremnické Bane). Thus „thanks to miners' unemployment" Slovak laces reached the whole world a whole century ago.

137

Pozdišovce, a producer of traditionally decorated large ceramic vases, up to 80 cm high with the typical Pozdišovce glazed ornamentation and colourfulness. Today, ceramic wares from Pozdišovce have predominantly a decorative function only, like the even more famous majolicas from Modra. Ceramic work is also produced by many other artists throughout Slovakia.

138

Trnava, Holíč faience from Parrák's collection is now in the possession of the West-Slovakia Museum. Parrák's collection, like those of P. Blaho and H. Landsfeld, was the result of a life-long collecting activity and has saved numerous rare items, particularly ceramic, faience, majolica, etc., which are today admired by visitors to museums at Trnava, Skalica and elsewhere.

139

An Haban house and a jug at Veľké Leváre. The Croatians and Habans moved to the village in the 16th century. Veľké Leváre gradually become a privileged agricultural town and centre for craftsmen, best known for its Haban ceramics. Haban ceramics, unique because of their distinctive monochromatic colours of blue, green, yellow and purple, is made by a special technique using high temperature flame.

140

Rock dwellings at Brhlovce (district of Levice) in andesite tuff. In the territory of Horné Brhlovce there are year-round rock dwellings consisting of two rooms (a hall-kitchen and another room). Stables and a storage room were cut separately from the rock. The use of the dwellings is connected with wine cellars (hajloks) which are no longer in use.

141

A Terchová musician from „Jánošík's land". The Terchová quartet (often only a trio) is an archaic prototype of violin music. It is characterized by a full, hard sound of combination deriving in part from playing on open strings. The accompanying singing is in duet or trio, simply adorned, played in terces. Terchová fiddlers are always present when Slovak folk string music is being performed.

142

A man from the village of Detva at a folklore festival below Poľana at Detva. These „sub-Poľana" festivities are a regional review of folklore ensembles and soloists which maintain our folk traditions and attract spectators, not only by their specific programmes, but also by their representative costumes.

143

The folk singer Chvastek from Terchová. Thanks to numerous folkloric festivities, folk song creation is still alive and well. It is handed down to future generations enriched with new, contemporary elements.

144

Myjava, performance of traditional folk customs at folkloric festivities, is evidence that young people performing in these programmes also have en active interest in the message being handed down from their predecessors.

145

Folk architecture at Čičmany, the Radena house. The house was built during reconstruction of the village (after the great fire of 1923) following the original models. It is utilised for ethnographic exhibitions which document and present the culture of this picturesque Slovak village situated below Kľak.

146

Women of Čičmany during the shooting of TV folklore film. Folklore documentation is a permanent subject of film and television production here. It thus contributes to popularise Slovak folklore at home and abroad, where it is highly appreciated thanks to performances by our professional groups (the Slovak Artistic Ensemble or SĽUK, Lúčnica, etc.).

147

Podbiel, log folk houses in the Orava region. At Podbiel, some 30 original timber dwelling houses have been preserved from the mid-19th and early 20th centuries, a part of which are let, for temporary visits, to tourists and holiday-makers.

148

Šaľa, a typical south-Slovakian folk house with a thatched roof and the date 1831 on the beam. The walls were made of rushes plaited about posts and faced on either side with a thick layer of clay. In the past century, similar houses were also made in the region surrounding Nitra.

149

Koceľovce, wrought ironwork on a door of an autentic Gothic portal of a one-nave church from the 1st half of the 14th century in which rare mural paintings from the end of the same century have been preserved.

150

Stará Halič, a Renaissance wooden belfry near the church. It was erected by the miller J. Polóny in 1673 in the form of a truncated pyramid. It is roofed over with shingles and stands near the old Catholic church dating from 1350 and which was renovated in 1904 and 1925.

151

Smrečany, detail of a painting on the late-Gothic side altar, dated 1510. Scenes from St Elizabeth's life are testament to the masterly work of an unknown painter.

152

Rimavské Brezovo, a mural from the 14th century. In 1893 biblical motifs were uncovered and restored on the walls and the vault of a former presbytery of the church. Valuable Gothic murals are also to be found in other churches in Gemer.

153

A tombstone from Madačka, from the collections of the Ethnographic Museum – the Slovak National Museum in Martin. The tombstone (19th century) is a remarkable piece of folk stone-cutting work with relief-decoration. Similar tombstones existed also at Ábelová, Nedelište, Horný Tisovník and Lišov.

154

The wooden church at Miroľa (district of Svidník) dating from 1770 is one of 27 protected, sacred wooden buildings in Eastern Slovakia which, as a complex, are a national cultural monument.

155

Svätý Kríž, wooden Evangelical church, a reconstructed articular church from the submerged village Paludza. It was constructed by the master carpenter J. Lang in 1773–1774. With an area of 1,150 sq. m it is the largest of its type in Central Europe and seats up to 5,000 worshippers. In the construction of the reservoir Liptovská Mara, the village Paludza was submerged. Therefore, the church was dismantled and moved 5 km to the south, to the edge of the village Svätý Kríž.

156

Interior of the articular wooden church at Hronsek near Sliač, built on brick foundations in 1725–1726. It has a square ground plan, set inside an orthogonal interior, and provides space for 1,100 persons. Next to it stands a small, baroque wooden belfry dating from the early part of the 18th century.

157

Jedlinka, a type of wooden Eastern rite church from 1763 is one of a group of protected East-Slovakian sacred buildings. This orthodox Baroque three-nave church is architecturally remarkable in that the outside is distinguished by a sloping composition of three pyramidal roofs complete with cupolas and crosses. The building is steadily sinking and there is danger of its beautiful iconostasis coming to harm.

158

Leštiny, the articular wooden Evangelical church not far from Vyšný Kubín is one of several similar churches of this type in Orava. It was built in 1688–1689 and renovated in 1853. Standing on foundations in the form of a Greek cross with a gallery on three sides, it holds a congregation of 900.

159

Copies of the Gothic wood-carving at Zvolen castle, exhibited at the World Fair in Montreal in 1967, are from the main altar of St James's church at Levoča. On either side of the Madonna are reliefs from the side leaf altars bearing the motifs „Parting of the Apostles" and „The beheading of St James".

160

Madonna from Sásová (St Sophia), a Gothic painting (15th century) comes from the church of the hermits Sts Anthony and Paul. It is on view in the Central-Slovakian Museum at Banská Bystrica.

161

A bronze door from a wine-cellar of the Spiš castle is today the property of the Slovak Technological Museum at Košice. The door, dating from 1580, is adorned with the three Graces.

162

From the exhibition of Icons of the Šariš Museum at the Bardejov Spa. This Icon of St Michael the Archangel, dating from the 16th century (with iconographic elements from the Russian tradition), comes from a little church which once stood at Rovné near Svidník.

163

A wine-press from Sebechleby – now a museum object, yet viticultural traditions (dating from the 11th century) still persist to this day in Hont. The Hont Zhupa achieved the peak of its viticultural prosperity around the year 1720.

164

Sebechleby-Stará Hora, vine-growers' cellars and houses from the 18th and 19th century. Some two hundred wine cellars have been cut aslant into the rock and houses built above them. However many have lost of their original beauty through the addition of annexes and the process of rebuilding.

165

Vlkolínec, a village with protected folk architecture at an elevation of 700 m a.s.l. not far from Ružomberok, is accessible along a single narrow roadway. Practically all the timbered houses have been preserved in the village. A few old-settlers still stay there in the company of „cottagers" who have bought many of the houses for themselves, thereby preventing their becoming ruins.

166

The Bardejov Spa, an open-air museum of Šariš architecture is part of the Šariš Regional Museum. Its construction was begun in 1967 when the orthodox church was moved here from Zboj (dating from 1766). The very first wooden church (from Kožuchovce) was moved to this country in 1925; it now stands in the courtyard of the East-Slovakian Museum at Košice. The picture shows a typical dwelling house and outhouses from lower Šariš (19th century).

167

Špania Dolina, a 19th century mining house, is a jewel of our folk architecture. Similar houses – shared by two or more families – were also to be found at Kremnické Bane, Dolný Turček, Horná Štubňa and Banská Bystrica.

168

Ždiar, a dwelling house adapted for tourist accommodation, was originally a typical Ždiar house of the so-called Polish (Goral) type. The courtyard („zvernica") was flanked on all sides with a timbered structure which served all the dwelling and farming functions. The Ždiar village numbers some 2,000 inhabitants, but can accommodate at any one time over 3,000 tourists. Ždiar is a preserved settlement of folk architecture.

169

Museum of the Slovak Village in Martin. This outdoor ethnographic exhibition was begun in 1972, at the grove called Jahodnícke háje, as a part of the Ethnographic Museum – the Slovak National Museum, Martin. When complete, it is to be an all-Slovakia open-air museum of folk architecture with over 520 buildings, fulfilling the dream of founders Andrej Kmeť's and Dušan Jurkovič's.

170

A three-storeyed folk house at Bartošova Lehôtka, restored in 1982, goes to show that an important example of folk architecture can also be preserved within the confines of simple villages.

171, 172

Young women and a man in Goral costumes from upper Orava. Slovak folk costumes may be divided according to approximately 32 territorial groups. Respect for costumes and also love of folk traditions finds deep roots in ensembles which are now having to adapt to complex new economic conditions.

173

The Museum of Folk Architecture of Orava, at Brestová near Zuberec, at the entrance to the Roháče mountains (1975) is but one of many regional open-air museums in Slovakia that already exist or are being put up (Nová Bystrica-Vychylovka, Pribylina, Stará Ľubovňa, Halič, and others are being planned).

174

Liptovské Revúce; an old Liptov wooden house with shingled roof in the midst of brick-built houses in the village is now a rarity, recalling the skilful hands and aesthetic feeling of a people for whom life cannot have been easy here.

175

Remnants of an iron hammer-mill above Nižný Medzev. There is no longer any need for water to drive the waterwheel of the conduit. Aided by frost, ice, wind and sun, time steadily eats away at the days of the once sturdy machinery.

176

Sirk-Červeňany, a 19th century blast furnace, an important monument recalling that even in 1870 there were as many as 54 such furnaces in Slovakia, the majority of them located in the Slovak Ore Mountains.

177

Fire of heaven and earth glowing above Slovnaft in Bratislava creates a picture which Bratislava did not know in the past. The new industrial giant has processed crude oil since 1962, especially the oil from Russian territory, into modern petrochemical products – Slovnaft is the biggest exporter of these products in Slovakia.

178

Dead-end forest railway of the open-air museum at Vychylovka (Nová Bystrica in the Orava region). The railway is unique because it covers the difference of elevation (400 m) at crucial spots without curves in the slope by retreating and then approaching the higher slope in the opposite direction. The railway track requires much less space and, as a result, construction interferes less with the natural environment.

179

The old forest railway track near Čierny Balog is a remnant of a track for conveying timber. Steam in this country had a difficult beginning and a sad end; the first railway line here (already at the time of steam-driven trains) was a horse-drawn track: Bratislava – Trnava – Sereď (1839–1846). The reason? – Horse fodder is cheaper than coal.

180

Skalica, the first Slovak House of Culture, from 1904–1905, is a significant art nouveau building at Záhorie. The building, originally designed as a government house by architect Dušan Jurkovič. Mikoláš Aleš, a painter, and Joža Úprka, a painter of Moravian Slovaks, collaborated in its design.

181

Považská Bystrica, vitrages of the Community Centre, by Róbert Dúbravec.

182

Milan Rastislav Štefánik's mausoleum on Bradlo. A co-founder of the Czecho-Slovak State which lasted (with interruption) for 67 years. On his way back to Bratislava from Italy on May 4,919, his military Caproni

biplane inexplicably crashed and Štefánik and his suite perished. The mausoleum was built according to the design of national artist architect Dušan Jurkovič between 1927–1928. At present it is under reconstruction. A small reverent mausoleum can also be found at the spot of the accident at Ivánka (close to Bratislava).

183

The Museum of the Slovak National Uprising at Banská Bystrica was founded in 1955. The building is the work of architect Dušan Kuzma: the collections in the museum of the anti-fascist uprising were opened to the public in 1969, rearranged in 1984 and have been reorganised several times since 1990. In the background of the picture there can be seen a bastion, a remnant of medieval fortifications.

184

Bratislava, the Slovak National Gallery. The original Theresian building of the barracks is bridged over (on the former site of a fourth wing pulled down beforehand) by a steel construction with a 54.5 meter-span permitting a visual connection and opening to view the historical building from the Danube quay. The resulting architectural solution finding form in the annex by V. Dedeček (carried out in 1967–1969) is but a fragment of the original design of a project which dealt with the task in a comprehensive manner as for as the hotels Devín and Carlton.

185

Tombstone of the Slovak Museum Society's chairman Andrej Kmeť at the National Cemetery in Martin commemorating the avid organizer of Slovak scientific life. He worked hard to advance Slovakia economically, was a pioneer founder of the Slovak Museum Society (1895), and was its chairman until his death.

186

In the Museum – Atelier of the National artist Martin Benka in Martin. Martin Benka (1888–1971) was one of the founders of the Slovak national style of painting. He dedicated his complete life's work to the state in 1960 and in return the government built his atelier-gallery where he lived until the end of his life. The same honour was given to another painter and national artist Ľudovít Fulla who has a much more imposing gallery in his native Ružomberok.

187

Martin, detail of the third building of the Slovak Foundation at Hostihora set up in 1964–1975 according to the project by D. Kuzma in collaboration with A. Cimmermann. The tower of this new landmark of Martin's skyline was accomplished by a system of reinforced concrete ceilings raised alongside a monolith core.

188

The larger hall of the former Trade Union House in Bratislava is a main venue for cultural, artistic and social events. The hall (with a seating capacity of 1,280) also serves as an assembly and business centre, the Istropolis. Its imposing but modest building, faced with genuine Cuban marble, was designed as the second part of the complex by the architects F. Konček and Ľ. Titl, built between 1977–1980.

189

The new theatre in Nitra is situated in the centre of the town, at the location where the pedestrian zone leads to Svätopluk's Square. There are two halls housed in the Andrew Bagar dramatic theatre in which guest opera performances can be staged. The main hall has a seating capacity of 600 and the experimentel hall has a capacity of 150. The theatre was opened to the public in 1992. The designers of the theatre are architects Juraj Hlavica, Štefánia Rosincová and Márius Žitňanský.

190

The Jonáš Záborský Theatre at Prešov, in the centre of the town, has 600 seats in the theatre hall and, together with further multi-purpose halls, was put into operation on September 14, 1990. Designed by architects F. Jesenko, F. Zbuško and L. Domén.

191

Ozón sanatorium in the Bardejov Spa with a capacity of 200 beds, was constructed according to a design by J. Schuster in 1970–1976. The architecture combines travertine, concrete and glass walls (windows) in aluminum frame impresses, alongside the famous colonnade and older and new sanatoria, as a striking element of the overall spa panorama.

192

The colonnade in the in Bardejov Spa is one of the new buildings built in the 1970's. Illnesses of the digestive tract and non-specific illnesses of the respiratory tract are treated in the spa. The spa is the third most popular in Slovakia after Piešťany and Trenčianske Teplice.

193

Pax sanatorium at Trenčianske Teplice was built post- 1960. The first written record of the spa dates back to 1379. At the end of the 16th century it was also mentioned as the most important spa in Hungary. The spa was built and popularised in the 19th century by the Banker Sina (Bath House Sina and bath Haman, built in the oriental style). Diseases of the nervous and motor systems are treated at Trenčianske Teplice.

194

Krym sanatorium and the Hotel Jalta at Trenčianske Teplice form a new modern centre for the second best-known spa in Slovakia. Krym sanatorium, with a capacity of 250 beds in the accommodation section, was designed by M. Šavlík and the Hotel Jalta, with 180 beds, by V. Fašang.

195

Diamant sanatorium at the spa of Dudince; the spa is 95 km from Budapest and 160 km from Bratislava. Local settlement there dates back to the Bronze Age and is connected with the thermal spa. The facilities were commercially developed after 1966 when the construction of the first new spa buildings began. Nervous diseases and those of motor system are treated here.

196

The Central sanatorium at the spa of Smrdáky in the Záhorie region (close to Senica) was finished in 1992. The spa's founder and patron was Jozef Vietoris (1832). The group of springs (originally 14) provide salty, sulphureous, iodic water which can be used to treat diseases of the skin and the motor system.

197

Turčianske Teplice; the Blue Bath and Veľká Fatra. The sanatorium and balneotherapy, the „Blue Bath" pool and other older buildings allow treatment for 500 patients with 1,600 procedures daily. Veľká Fatra (164 beds) was built in 1976–1984 according to a design by J. Vítek. Also, thanks to this sanatorium, the number of beds in spas in Slovakia has nearly trebled since 1949.

198

House of Art of the Slovak Philharmonic at Piešťany was opened to the public in 1980. It has an auditorium for 620 spectators and an orchestra pit for 80 musicians. The building was designed by F. Milučký and the statue in front of the building (muses in stylized folk dress) is by the sculptor E. Venkov.

199

Piešťany, Balnea Esplanade sanatorium by V. Uhliarik and C. Tursunov was completed in 1980. With a capacity of 520 beds, it is but one of the buildings forming the entire Balneocenter (a total of 1,280 beds) on the spa island. The Balneocenter is the most extensive balneotherapeutic complex in Slovakia and the world-renowned spa at Piešťany is frequented by patients from all over the world.

200

Piešťany, the Thermia Palace accommodation complex, for years dominated the spa island of architecturally the largest spa in Slovakia. The spa at Piešťany was mentioned in the Zobor letter of king Koloman dating back to 1113.

201

The building of the Irma spa with mud bath at Piešťany was completed in 1912 and connected via a heated corridor to the Thermia Palace building. This spa is world-renowned for the successful treatment of diseases of the motor system in its thermal baths (26–32 °C) and therapeutic swimming pools and with the help of mud packs.

202

Hospital and Medical Clinic at Banská Bystrica. This health complex was constructed between 1966 and 1981 according to designs by Š. Imrich. The central buildings, with the hospital sector in the shape of the letter H (Hospital), have 1,108 beds. The complex provides basic health services to about 60,000 inhabitants and highly specialized services to over half a million inhabitants of Central Slovakia. The statues in front of the hospital are by Pavol Tóth.

203

Bratislava, the administrative building of INCHEBA within a complex of exhibition buildings. During the first stage (from 1978) a total of 20,000 sq. m of exhibition floor was built, along with the administrative highrise, a hotel with 650 beds, a multi-purpose congress hall for 2,500 participants, etc. The originator of the concept was architect V. Dedeček. During the course of the 2nd and 3rd stages the concept is to be enlarged with 65,000 sq. m of exhibition floor space, a passenger quay on the Danube and further facilities.

204

Old Bratislava and housing construction at Petržalka from Slavín. Since 1976 an extensive housing construction project has been taking place on the right bank of the Danube where a 158-thousand housing area is to stand. When the housing estates Petržalka-Lúky and Háje are complete an extensive complex is to be put up at Dvory (for 20,000 inhabitants) on the site of the old Petržalka currently being pulled down.

205

Bratislava, the television transmitter atop the Kamzík hill was designed by S. Májek, J. Tomášek, J. Kozák, M. Jurica and J. Privitzer. The central Slovak transmitter, at an elevation of 506 m a.s.l., has a viewing café with a rotating floor for 80 visitors at a height of about 78 m above the ground. The construction was completed in 1967–1969 at a cost of 120 milion Kčs.

206

The Faculty of Civil Engineering of the Slovak Technological University in Bratislava, especially the highrise section was a testing ground for new construction technologies. The faculty, with a utility floor space of 31,000 sq. m, was constructed between 1964–1972 according to designs by O. Černý.

207

A universal operations building at Bratislava-Petržalka is set in what will be the future southern centre of a complex of buildings of the principal class. Two highrise blocks, accommodating 1,200 administrative workers, were completed by the firm Hydrostav Bratislava between 1980–1990. The designer of the project was Rudolf Masný.

208

Slovak Radio Building in Bratislava, completed in 1985. The precise steel construction of a reversed pyramid suspended from a reinforced concrete core makes the most of the available space in the close vicinity of two important crossroads in the newer part of the town centre. This unusual building was designed by Š. Svetko, Š. Ďurkovič and S. Kissling at the State Research-Designing and Standardizing Institute in Bratislava.

209

Bratislava, a bird's eye view of the New Bridge and the Danube river. The pylon construction symbolises new perspectives and movements in the advance of architectural projects. Its constructive design has also become a model for architects abroad. The designers of the project were J. Lacko, L. Kašnír and I. Slameň and those of the construction section A. Tesár, E. Hladký and P. Dutko. The bridge was put into operation in 1972. The region of Bratislava is predicted to be modern-day European most promising region. Slovakia is becoming, not only symbolically, but in reality a significant crossroads for ship, road and rail transport as well as enterprise centre for business, tourism and travel.

210
The conference hall of the Slovak Parliament, along with other premises, is interiorly faced with polished wood, a dominant feature of the entire interior conception. The architectural style was chosen to accentuate the social significance of the building. Its monumental features effectively define the unique character of the Slovak Parliament building.

211
The Slovak House of Parliament in Bratislava at Vodný vrch, west of Bratislava castle, was built at a cost of 350,000,000 crowns between 1985–1994 preserving respect for the castle dominance. Several people collaborated on the project: prof. ing. arch. Ľudovít Jendreják, merited artist, acad. arch. ing. Peter Puškár and ing. arch. Ján Šilinger. The building was decorated by seven prominent Slovak artists.

Front cover photograph: Choč (1,611 m) taken from Magura in Veľká Fatra.
Back cover photograph: Bratislava Castle and St Martin's Cathedral from the roof tops of the Old Town.

BILDBESCHRIFTUNG

1

Im Geburtshaus und Museum Jozef M. Petzvals in Spišská Belá: Ein Fotoapparat für Atelieraufnahmen aus dem vergangenen Jahrhundert. Die Exposition erinnert an das Leben und Werk des bedeutsamen slowakischen Mathematikers, Universitätsprofessors, Erfinders und Mitbegründers der modernen fotografischen Technik und Optik. Er lebte in den Jahren 1807–1891 und starb in Wien. Seit der Zeit, da Herr Petzval das erste lichtstärkere Objektiv berechnet hat (im Jahre 1840), mit dem die Exposition einer Aufnahme „nur" 30 Sekunden dauerte, hat sich die fotografische Technik markant modernisiert. Doch auch die neue Technik ersetzte schöpferisches Denken und Handeln nicht, das bei jeder künstlerischen Arbeit so notwendig ist.

2

Zwei meiner großformatigen Objektive, mit denen ich die Bilder für dieses Buch aufgenommen habe. Ich arbeitete mit den Fotoapparaten Rolleiflex T, Mamiya RB 67 Pro-S und Linhof-Kardan 9 x 12 cm und verwendete dabei Objektive mit der Brennweite f 4/50 bis f 11/550 mm. Die Interieurs wurden beleuchtet oder zusätzlich beleuchtet mit Elektronenblitzen Broncolor. Als Aufnahmematerial verwendete ich ausschließlich Inversionsfilme Agfa, seltener Fuji.

3

Die Hohe Tatra und die Belaer Tatra von Matiašovce aus (Titel--Doppelseite). Zusammen mit der Westlichen Tatra bilden sie das höchste Gebirgsmassiv des Karpatenbogens. Sie sind der Stolz der slowakischen Natur und Touristik. Ihre Meereshöhe beträgt von 640 bis 2655 m ü. d. M. Sie bilden zum Teil die Grenze zwischen der Slowakischen Republik und der Polnischen Republik.

4

In der slowakischen Landschaft gibt es unglaublich viel Gelegenheiten, die Schönheit und Besonderheit der Natur zu bewundern. Schon vor 20 Jahren evidierten die Verzeichnisse an die 120 interessante Naturgebilde, 340 naturgeschützte Regionen, 50 Höhlen und Schluchten, 5 Nationalparks, 16 staatliche Naturschutzgebiete, an die 10 Lokalitäten mit Bauten der Volksarchitektur, 17 Lokalitäten mit bedeutenden Heil- und Mineralquellen, mehr als 100 Berg- und Stauseen, Schottergruben, toter Flußarme, Fischteiche, Flußgebiete, Fischerreviere usw.

5

Die Mündung der March in die Donau von der Burg Devín aus. Auf der Erhebung über dem Zusammenfluß beider Flüsse wurde schon vor dem 13. Jahrhundert eine kleine Burg erbaut, die die wichtige Wegkreuzung und die Furt durch die March schützte. In der Zeit der nationalen Wiedergeburt des slowakischen Volkes wurden die Ruinen der Burg für die Anhänger und Mitkämpfer Ľudovít Štúrs zu einem Symbol des verflossenen Ruhms unserer Vorfahren. Das Objekt der Burg ist ein nationales Kulturdenkmal.

6

Morgen auf dem Grenzfluß March bei der Gemeinde Brodské. Die March bildet die Grenze zwischen der Slowakei und der Tschechischen Republik seit dem 1. Januar 1993, seit die Slowakei abermals ein selbständiger Staat (im Sinne des internationalen Selbstbestimmungsrechtes) ist. Die Slowakei mit einem Flächeninhalt von 49 036 km² und mit 5 356 000 Einwohnern ist ein kleiner Staat im Herzen Europas. (Zum 1. 1. 1993 gab es in Europa noch 19 kleinere Staaten oder Staaten mit einer kleineren Einwohnerzahl als die Slowakei.)

7

Die Umgebung von Gašparová in den Kleinen Karpaten ist ein idealer Ort für minder anspruchvolle Touristen, die mit Vorliebe Erholung in sonnigen Tälern mit Laubwäldern aufsuchen.

8

Der Berg Bezovec im Panorama des Gebirges Považský Inovec, einer Gebirgslandschaft mit einer Fläche von etwa 600 km². Mit seinem Gipfel überragt das Gebirge um weniges die Höhe von 1000 m. Die Schneedecke im Winter dauert 60–80 Tage, Sommertage gibt es hier gewöhnlich 50–100 im Jahr. Die reizvolle Landschaft ist deshalb ein beliebter Ort für Sommer- und Wintertouristik in der Westslowakei.

9

Vorabendstimmung im Turiec-Gebiet, einer markanten geographisch--historischen Region in der Mittelslowakei. Das Gebiet Turiec hat sich bedeutsam in unsere nationale Geschichte eingetragen; als administrativer Komplex, als Komitat Turiec, hat es im J. 1922 aufgehört zu bestehen, doch sein Name lebt weiter (Turiec-Becken u. a.).

10

Die Spitze Gerlachovský štít inmitten des Tatrapanoramas ist die höchste Erhebung (2655 m) im höchsten Gebirgszug des Karpatenbogens. Die Besteigung der Spitze vom Berghotel Sliezsky dom aus (4 Stunden) und der Abstieg von der Spitze zum Bergsee Batizovské pleso (4 Stunden) ist außergewöhnlich schwierig, zum Teil ist der Steig mit Ketten gesichert, die in den Fels eingelassen sind. Die Hochgebirgstour wird nur in der Begleitung eines Bergführers empfohlen.

11

Vorabend auf dem Stausee Veľká Domaša, der in den J. 1962–1967 auf dem Fluß Ondava erbaut wurde. Das Wasserbecken mit einer Fläche von 15,1 km² ist ein Reservoir für Nutzwasser und trägt erheblich auch zum Schutz der Ostslowakischen Tiefebene vor Überschwemmungen bei. Mit seiner reizenden Umgebung zieht es viele Erholungsuchende und Sportler an.

12

Slovenský raj (Slowakisches Paradies) und die Berge Hnilecké vrchy vom Gipfel Kráľova hoľa aus. Das Landschaftsrelief des Gebirges Slovenské rudohorie, das eine Höhe von 1500 m nicht erreicht, bilden die Gebirge Veporské vrchy, Spišsko-gemerský kras, Stolické vrchy, Revúcka vrchovina, Slovenský kras, Volovské vrchy und Čierna hora.

13

Die Hohe Tatra: der Fußsteig von der Spitze Veľká Svišťovka bis zum Bergsee Zelené pleso pflegt meist nur in der touristischen Sommersaison zugänglich zu sein, um die Natur vor der Devastation bei einem übermäßigen Touristenbesuch zu schützen.

14

Auf den Baggerseen von Senec bei Bratislava, ihre Wasserfläche beträgt fast 80 Hektar. Sie sind aus Schotterförderungsgruben durch Aufdeckung des Horizontes der unterirdischen Gewässer der Donautiefebene entstanden. Die Seen bieten die Möglichkeit zum Baden, zum Wassersport und zum Fischfang. Sie sind von Wochenendhütten umgeben und dienen als wichtiges Erholungshinterland der slowakischen Hauptstadt Bratislava.

15

Ein Überbleibsel der Gemeinde Liptovská Mara, die vom Wasser des gleichnamigen Stausees überflutet wurde, besteht nur noch aus dem Kirchturm der Gemeinde, die dem Stausee den Namen gab. Beim Bau des Stausees in den J. 1969–1975 wurden elf Gemeinden mit über 4000

Einwohnern ausgesiedelt und überflutet. Die riesige Wasserfläche hat das Gesicht der Landschaft unterhalb der Stadt Liptovský Mikuláš wesentlich verändert. Die Region wurde zu einer vielbesuchten Stätte der Erholung, des Wassersports und des Fischfangs.

16

Liptovská Mara und ein Teil der Landschaft rings um das Wasserkraftwerk. Der Stausee dient energetischen Zwecken und ist mit seinen 320,5 Millionen m^3 Wasser das größte Staubecken in der Slowakei. Er ist ein wichtiges Wasserwerk im System der 17 Kaskaden im Fluß Váh. Mit einer überfluteten Fläche von 27 km^2 gehört er nach dem Orava-Staubecken und dem Stausee Zemplínska šírava zu den größten Wasserwerken in der Slowakei. Zusammen mit den Orava-Staubecken ermöglicht er die Regulation des Wasserstandes im Fluß Váh von Bešeňová im Norden bis Komárno im Süden der Slowakei.

17

In der rechten Schleusenkammer der Stufe von Gabčíkovo. Die Notwendigkeit, das Schiffahrts- und Wasserwirtschaftssystem Gabčíkovo – Nagymaros gemäß dem internationalen Vertrag aus dem J. 1977 zu erbauen, ging aus der Aufgabe hervor, den Flußkanal Donau – Main – Rhein schiffbar zu machen und den ständig sinkenden Spiegel des Grundwassers auf beiden Seiten des Donau-flusses zu stabilisieren.

18

Der Hauptstrom der Donau in Hrušov vor der Überflutung des Gebietes durch das Wasserkraftwerk Gabčíkovo. Der Staudamm und die Durchflußsysteme haben die Passage großer Schiffe auf der Donau erheblich erleichtert an einer Stelle, wo die Donau-schiffahrt an den Flußfurten bei der slowakisch-ungarischen Grenze nur unter Schwierigkeiten instand gehalten werden kann. Das Wasserkraftwerk hat auch die Bilanz der ökologisch reinen Stromerzeugung in der Slowakei und die wasserwirtschaftlichen Verhältnisse im Abschnitt von Bratislava bis Gabčíkovo markant verbessert.

19

Lúčky, beim Baden unter den Travertinkaskaden des Flüßchens Teplanka. In der Gemarkung der Gemeinde gibt es gipserdige Sauerbrunnen. Im Kurort Lúčky werden Frauenleiden behandelt.

20

Auch dank ihrer lieblichen Umgebung gehören die Thermalbäder in Kováčová bei Zvolen zu den beliebtesten Kurorten bei uns. In der Slowakei gibt es etwa 20 Gebiete mit Thermalwässern, die eine Temperatur von 40 bis 180 °C aufweisen. Die perspektivste Region ist die zentrale Depression des Donaubeckens, wo man die Thermalwässer vornehmlich zu Freibädern nutzt (Dunajská Streda, Čalovo, Patince und Štúrovo).

21

Die Spitze Kriváň (2494 m) vom Berg Všiváky in der Westlichen Tatra aus. Die Grate der Gebirge bieten hier viele ungewöhnliche Ausblicke. Es ist ein Teil der geradezu jungfräulichen slowakischen Natur oberhalb des Tatrabeckens.

22

Die Spitze Volovec Mengusovský vom Bach Mengusovský potok aus. Sie trennt das Becken Hincova kotlina (mit dem größten und tiefsten Tatrasee auf der slowakischen Seite) vom Becken kotlina Žabích plies.

23

Die Hohe Tatra – der Symbolische Friedhof am Fuß der Spitze Ostrva, die über dem Bergsee Popradské pleso emporragt. Der Friedhof entstand auf Anregung des Malers Otakar Štáfl im J. 1936 zur Erinnerung an die Menschen, die „wegen ihrer Liebe zu den Bergen ihr Leben verloren". Im Areal des Friedhofs steht eine kleine, stilvolle Kapelle, Gedenktafeln an die Opfer der Berge und einige geschnitzte slowakische Holzkreuze, wie sie in der Gemeinde Detva gebräuchlich sind.

24

Die Spitze Kriváň vom Berg Veľká kopa Garajova aus. Die Spitze Kriváň (2494 m) als die schönste und stolzeste Spitze der Tatra haben schon die Anhänger Ľudovít Štúrs besungen, die in ihr ein Symbol des slowakischen Charakters sahen. Die erste gemeinschaftliche Besteigung der Spitze

unter der Leitung von Ľ. Štúr und J. M. Hodža unternahmen sie am 16. August 1841. Auf dem Ostabhang des Kriváňs entspringt der Fluß Biely Váh (Weiße Waag), der im Verein mit dem Fluß Čierny Váh (Schwarze Waag), welcher am Fuß des Berges Kráľova hoľa entspringt, den längsten slowakischen Fluß bildet (403 km). Die nationale Tradition der Besteigung des Kriváňs hat sich bis zum heutigen Tag erhalten.

25

Das Panorama des Tales Bielovodská dolina in der Hohen Tatra mit den Spitzen Mlynár, Vysoká (2560 m), Nižné Rysy, Nižný Žabí štít und Východný Mengusovský štít (von links nach rechts). Das 6 km lange Tal ist bekannt auch durch die Möglichkeit, es in einer zehnstündigen Wanderung von der Ortschaft Javorina über den Sattel Váhy zum Bergsee Popradské pleso zu durchqueren.

26

Der Abhang der Spitze Kvetnicová veža und das Berghotel Sliezsky dom im Morgenlicht. Das Hotel Sliezsky dom (Schlesierhaus) ist das am höchsten gelegene Berghotel bei uns (1670 m ü. d. M.) Die schlesische Sektion des ehemaligen Karpatenvereins erbaute hier im J. 1892–1895 eine Touristenhütte, die aber nach mehreren Umbauten im J. 1962 abbrannte. An ihrer Stelle wurde das Berghotel Sliezsky dom erbaut und im J. 1968 eröffnet, ein vielbesuchtes Ziel für Touristen und Bergsteiger.

27

Die Wasserfälle des Baches Veľký Studený potok in der Hohen Tatra hinter dem Erholungsheim Hrebienok (Kämmchen) unterhalb der ehemaligen Hütte Kamzík bilden eine eindrucksvolle Eingangspartie in das Tal Veľká Studená dolina. Es sind drei Wasserfälle – der Kleine, der Große und der Lange Wasserfall, der auch wegen seiner gefährlichen „Wirbeltöpfe" bekannt ist.

28

Der Wasserfall Večný dážď (Ewiger Regen) im Tal Velická dolina unterhalb der Bergwiese Kvetnica, die durch ihre reiche Flora der subalpinen Zone das Auge des Touristen erfreut. Vor der Besteigung der Spitze Gerlachovský štít (2655 m) über den exponierten Steig Velická próba können wir wenigstens die bekanntesten Wasserfälle in der Hohen Tatra nennen: der Wasserfall Kmeťov vodopád unterhalb des Tales Nefcerka, die Wasserfälle Vajanského vodopády im Tal Temné Smrečiny, der Wasserfall Skok im Tal Mlynická dolina, der Wasserfall Obrovský vodopád (Riesenwasserfall) im Tal Malá Studená dolina und der Wasserfall Hviezdoslavov vodopád an der Schwelle zum Tal Kačacia dolina.

29

Die Spitzen Lomnický štít und Kežmarský štít vom Grat Lomnický hrebeň aus. Die Spitze Lomnický štít (2632 m) ist dank der im J. 1940 erbauten Schwebeseilbahn die meistbesuchte Tatraspitze und bietet eine einzigartige Aussicht nach allen Himmelsrichtungen. Die Schwebeseilbahn überwindet von Tatranská Lomnica aus bis zur Spitze eine Überhöhung von 1620 m auf einer Strecke von fast 6 km.

30

Der Bergsee Štrbské pleso und die Niedere Tatra mit dem Berg Kráľova hoľa im Hintergrund, betrachtet von den Schisprungschanzen im „Areal der Träume" im Tal Mlynická dolina. Der Bergsee Štrbské pleso mit seiner Umgebung ist die meistbesuchte Lokalität in der Hohen Tatra. Es gibt hier eine große Anzahl sonniger Tage im Jahr und ausgezeichnete klimatische Bedingungen, die schon am Ende des 19. Jahrhunderts den Bau von Heilstätten für die Behandlung von Erkrankungen der oberen Atemwege anregten. Der Bau neuer Heilstätten in den letzten Jahren bestätigt nur die hervorragenden therapeutischen Erfolge, die in diesen Sanatorien erzielt werden.

31

Der Berg Velická kopa von der Tatra-Magistrale aus. Die Magistrale als touristischer, 65 langer Wanderweg, wurde im J. 1937 vollendet. Sie durchquert die südlichen, mit Krummholz bestandenen, unzugänglichen Abhänge der Hohen Tatra von West nach Ost. Für die Überwindung des Steiges rechnet man zwei bis drei Tage Wanderung im Touristenschritt. Die Magistrale hat zusammen vier Abschnitte: Podbanské – Štrbské Pleso – Hrebienok – Veľké Biele pleso – Tatranská kotlina. Der letzte Abschnitt – die Überquerung der Belaer Tatra – ist im Interesse des strengen Naturschutzes der dortigen Flora und Fauna verboten.

32

Die Hohe Tatra von der Spitze Rysy aus (Aussicht nach Westen). Die anstrengende Besteigung der Spitze Rysy (2499 m) läßt kein tüchtiger Tourist aus; von ihrem Gipfel bietet sich dem Betrachter ein herrlicher Rundblick auf die Tatraspitzen in einem Panorama von 360°.

33

Die Belaer Tatra vor einem Gewitter. Dieses Gebirge ist der östliche Teil des Tatra-Nationalparks, der im J. 1949 proklamiert wurde. Da es hier außerordentlich seltene kalkliebende Pflanzengemeinschaften gibt und auch die Entwicklung des Gemswildes beobachtet wird, ist ihr Hauptgrat in seiner gesamten Länge von 14 km das ganze Jahr über für die Touristik gesperrt.

34

Das Panorama der Belaer Tatra von der polnischen Grenze aus. In der Aufnahme dominieren von links nach rechts die vier Gipfel Ždiarska vidla, Havran (2154 m), Nový vrch und Muráň. Inmitten des Bergfußes liegt die Gemeinde Podspády und im Vordergrund die gesunden, hohen Nadelwälder.

35

Die Spitzen Rysy, Vysoká und Ostrva vom Bergsee Štrbské pleso aus, einem typischen Moränensee in einer Meereshöhe von 1346 m auf dem Südabhang der Hohen Tatra. Die Gemeinde Štrbské Pleso war im J. 1970 Schauplatz der Weltmeisterschaften in den klassischen Schilaufdisziplinen, für die hier eine ganze Reihe von Objekten und Einrichtungen für den Fremdenverkehr erbaut wurden.

36

Die Spitzen Volovec und Ostrý Rohác vom Bergsee Tretie Roháčske pleso aus. Die Spitzen Roháče – im Abschluß des Tales Roháčska dolina – sind als naturwissenschaftlich und landschaftlich wertvollste Region des nordöstlichen Orava-Gebietes seit dem J. 1974 ein staatliches Naturschutzgebiet.

37

Ein Frühlingsmorgen in Oravice mit der polnischen Spitze Giewont am Horizont, aufgenommen vom Berg Skorušina aus. Die Sonne steigt von hinter den Bergen Červené vrchy an der slowakisch-polnischen Grenze her über die Grate der Hohen Tatra in das Tal Tichá dolina hinein.

38

Der Stausee Oravská priehrada und die Insel Slanica im Sommer. Unser „nördliches Meer" entstand durch den Bau des ersten Wasserkraftwerks nach dem zweiten Weltkrieg in der Slowakei, das im J. 1953 in Betrieb genommen wurde. Das Wasser bedeckt eine Fläche von 35,2 km², wobei vier große Gemeinden überflutet wurden. Von der Gemeinde Slanica blieb nur eine Insel übrig, der Gipfel des Hügels mit dem Kirchlein. Bei der Besichtigung der Insel kann man ein Museum der volkstümlichen Gemälde und Plastiken besuchen. Der Orava-Stausee ist ein beliebter Ort für Wassersport.

39

Die Felsformation Mních (Mönch) in der Talenge Tiesňavy im Tal Vrátna dolina. Sie gehört zu den zahlreichen bizarren, bergsteigerisch anstrengenden, brüchigen Kalksteingebilden des Vrátna-Tales und der Lokalität Obšívanka. Die Phantasie des Volkes hat ihnen metaphorische Benennungen gegeben, wie Oltár (Altar), Ťava (Kamel), Krokodíl (Krokodil), Tanečnica (Tänzerin), Organ (Orgel), Pilier (Pfeiler), Jánošíkova lavica (Jánošík-Bank), Valasi (Schafhirten), Veľká Sokolia veža (Großer Falkenturm) und in der Partie des Berges Rozsutec die Namen Traja psi (Drei Hunde), Fajky (Tabakspfeifen), Kohútik (Hähnchen), Dbenka (Butterfaß), Komín (Schornstein) und andere.

40

Die Kleine Fatra, Frühling am Fuß des Berges Rozsutec. Die Region des slowakischen Volkshelden Jánošík mit seinem Geburtsort Terchová und dem bizarren Berg Rozsutec gehört zu den zauberhaftesten Winkeln mit einer typischen slowakischen Natur. Mehr als einem von uns ist sie besonders ans Herz gewachsen.

41

Ein gotisches Tor in der Felsengruppe Súľovské skaly oberhalb der Talenge von Súľov, geschaffen vom Fluß Hradné. Ein einzigartiger Komplex von Oberflächenformationen – Felsensäulen, Türme, Felsentore, Felsenfenster. Dieser Komplex hat kein Gegenstück in den ganzen Karpaten und repräsentiert eine der seltenen Felsenstädte in der Slowakei.

42

Der „Cintorín" (Friedhof) genannte Saal in der Eishöhle von Dobšiná ist ein Beispiel der zauberhaften unterirdischen Eiswelt, besonders wenn sie die sommerliche Natur umgibt. Diese unsere größte Eishöhle, die vor über hundert Jahren (im J. 1871) erschlossen wurde, war die erste elektrisch beleuchtete Höhle in Europa. In den verflossenen 110 Jahren wurde sie von über zwei Millionen Menschen besucht. Den Boden der Höhle bedeckt eine 25 m dicke Eisschicht. Den märchenhaftesten Anblick bietet die Höhle im Frühling, wenn der Reif „blüht".

43

Mehrschichtige Sinterseerosen in der Tropfsteinhöhle Demänovská jaskyňa Slobody. Der Karstreichtum der Slowakei gehört zu den größten in der Welt. Die kleine Slowakei rühmt sich mit mehr als 150 Höhlen auf einem fast 3000 km² großen Karstgebiet. Erschlossen sind bisher 12 Höhlen, manche von ihnen, z. B. die im Tal Demänovská dolina, sind weltbekannt.

44

In der Höhle Domica (unweit von Plešivec), die den längsten Komplex einer Flußhöhle an der slowakisch-ungarischen Grenze bildet (zusammen über 22 km lang). Auf slowakischer Seite sind es 5140 m, von denen nur 1775 m touristisch erschlossen sind. Das schönste Erlebnis bildet eine Kahnfahrt auf dem unterirdischen Fluß Styx. Die Höhle wurde von Ján Majko im J. 1926 entdeckt und ist seit 1932 zugänglich.

45

Ein Wintermärchen in den Bergen Martinské hole – unberührte Natur in einer Meereshöhe von ungefähr 1400 m. Nur zwei Kilometer weiter entfernt liegt ein reges Wintersportzentrum mit fünf Schischleppliften (Kapazität 2000 Personen pro Stunde).

46

Die Berge Babia hora, Rozsutec, Steny, Stoh und Hromové vom Gipfel Chleb aus. Hier gibt es im Jahr nicht viele solcher Tage, wenn eine außergewöhnlich gute Fernsicht vom Gipfel Chleb auf den Berg Babia hora (1725 m) an unserer Grenze mit Polen zu erblicken ermöglicht, der in der Luftlinie über 50 km weit entfernt ist.

47

Die Niedere Tatra (die Spitzen Chopok und Ďumbier) vom Gipfel Dereše aus. Sie ist das einzige slowakische Hochgebirge, das durch einen Sessellift von beiden Seiten aus überquert werden kann (Jasná – Chopok – Srdiečko). Der zentrale Teil der Niederen Tatra bildet die Dominante und das Zentrum des touristischen und Wettbewerbs-Schilaufs. Es ist die frequentierteste Schilaufregion in der Slowakei.

48

Die Spitzen Ďumbier, Chopok, Dereše und Poľana von unterhalb des Gipfels Siná sind nur ein ungefähr 10 km langer Abschnitt im 95 km langen Grat der Niederen Tatra. Mit einer Fläche von 1242 km² bildet die Niedere Tatra den ausgedehntesten orographischen Komplex im zentralen Teil der Slowakei. Die Schneedecke oberhalb der Waldgrenze dauert 110–210 Tage im Jahr, was für den Schisport sehr günstig ist.

49

Die Hohe Tatra und die Belaer Tatra vom Grat der Niederen Tatra aus betrachtet, mit dem imposanten Panorama ihrer Gipfel (von links nach rechts): Vysoká (2560 m), Končistá (2535 m), Gerlachovský štít (2655 m), Bradavica (2476 m), Javorový štít (2418 m), Slavkovský štít (2452 m), Ľadový štít (2628 m), Lomnický štít (2632 m), Kežmarský štít (2558 m) und ein Teil der Belaer Tatra.

50

Der Berg Nová hoľa (1370 m) in Donovaly mit der Sesselseilbahn unterhalb von Mišúty gehört zu den vielbesuchten Schiterrains der

Sommertouristik zwischen Ružomberok und Banská Bystrica. Die ausgedehnten Gipfel- und Talhänge mit einer Überhöhung von etwa 400 m sind seit neuester Zeit auch ein idealer Ort für eine neue Sportart – Absprünge und Segeln mit gesteuerten Fallschirmen (Paragliding.)

51

Niedere Tatra: Der Bergsee Vrbické pleso im Tal Demänovská dolina ist der einzige Bergsee in der Niederen Tatra. Die Höhe des Wasserspiegels wird mit Hilfe eines Dammes stabilisiert. Seine größte Tiefe beträgt 4 m. Am Rande des Sees steht die bekannte Berghütte Mikulášska chata.

52

Der westliche Teil der Niederen Tatra vom Berg Salatín (1631 m) aus. Der anstrengende dreistündige Aufstieg auf den Salatín bietet nach und nach herrliche Ausblicke auf das 360-gradige Panorama der slowakischen Gebirge. Die Aufnahme zeigt einen Blick auf die Gruppe und den Grat des Berges Veľká Chochuľa (1753 m).

53

Die Aussicht Tomášovský výhľad im Slowakischen Paradies (680 m) unweit von der Berghüttensiedlung Čingov oberhalb des Tales des von den Wassersportlern besungenen Durchbruches des Flusses Hornád. Der Aussichtsfelsen gehört zu den bekanntesten und meistbesuchten Partien des wunderschönen Karstgebietes Spišsko-gemerský kras. Zahlreiche Wasserfälle in den tiefen Schluchten und ihre Durchquerung gehören zu diesem Touristenparadies.

54

Der Berg Čierny kameň in der Großen Fatra vom Tal Veľká Turecká dolina aus. Den Wiesencharakter des 45 km langen Gebirgszuges löst der felsige Teil des genannten Berges ab, am Fuße dessen das 24 km lange Tal Ľubochnianska dolina beginnt, das längste Tal in der Großen Fatra. Weitere bekannte Täler in dieser naturgeschützten Landschaft sind das Gaderská-, Necpalská- und das Belianska-Tal.

55

Das Tal Zádielska dolina, seit 1954 ein staatliches Naturschutzgebiet im Gebirge Slovenský kras (Slowakischer Karst). Durch die Erosion in mitteltriassischen Kalksteinen entstand eine 300 m tiefe Talenge und Schlucht, die reich ist an alpinen, subalpinen, aber auch an thermophilen pannonischen Pflanzenarten. Die Felsen in der Schlucht sind auch beliebte Nistplätze seltener Raubvögel.

56

Der Berg Choč (1611 m) und Prosečné von hinter der Furche Podchočská brázda aus. In der Slowakei gibt es drei schönste Berge: Kriváň, Rozsutec und Choč. Nicht ohne Grund hat der slowakische Dichter P. O. Hviezdoslav gerade den Berg Choč besungen, ist er doch von allen Seiten her betrachtet schön – aus der Region Liptov und aus dem Orava-Gebiet.

57

Die Tatra rings um den Berg Kráľova hoľa: Der Gipfel Kráľova hoľa (1948 m) vom Berg Ondrejisko aus. Auf diesen Berg führen nicht einmal Touristensteige. Von Ondrejisko aus bietet sich dem Betrachter ein ungewöhnlicher Ausblick auf den Berg Kráľova hoľa, auf diesen von der Jánošík-Legende umwobenen, einzigartigen Gipfel in der slowakischen Bergwelt, der sogar vom weitentfernten Bergsee Štrbské pleso in der Hohen Tatra zu sehen ist.

58

Ein Sonnenblumenfeld im Nitra-Gebiet, angebaut auf einer solch großen Fläche, ist heute schon fast eine Seltenheit.

59

Die Abhänge der Kleinen Karpaten mit ihren Weingärten sind ein Beweis für die Kontinuität und die Blütezeit des hiesigen Weinbaus vom 11. Jahrhundert an bis zur Gegenwart. Die Rebenkultur verbreitete sich allmählich in der ganzen Südslowakei, vornehmlich in den ehemaligen Komitaten Trenčín, Nitra, Hont, Abov, Tekov, Zemplín und anderswo.

60

Die Lokalität Kulháň, ein naturgeschützter Bestand alter Eichen im Gebirge Považský Inovec in der Nähe der Gemeinde Prašice wurde im J. 1972 zum geschützten Fundort erklärt. Es werden hier etwa 70 Sommer- und Wintereichen geschützt. Die größte von ihnen hat einen Stammumfang von 670 cm. In der Nähe der genannten Lokalität liegt die Siedlung Duchonka, ein bekannter Erholungsort für Wassersportler.

61

Der Urwald von Dobroč im Gebirge Slovenské rudohorie. Dieser älteste Urwald in der Slowakei wurde bereits im J. 1913 zum staatlichen Naturschutzgebiet erklärt. Er liegt auf den Abhängen des Berges Veľký Grúň, etwa drei Wegstunden von der Gemeinde Dobroč entfernt. Die eigentliche unberührte Reservation des Waldbestandes bilden Fichten, Tannen, Eschen, Bergahorne und Buchen; manche Bäume sing über 400 Jahre alt. Die Reservation wird durch eine abgeholzte Schutzzone von den umliegenden Wäldern getrennt.

62

Die Wasserfläche des Stausees Ružín (am Fuß des Berges Šivec) gehört zum System der Stauseen auf dem Fluß Hornád zwischen den Ortschaften Margecany und Ružín. Die Länge des Staudamms beträgt 14,6 km und die Wasserfläche 3,9 km². Das Staubecken wurde in den J. 1963–1973 erbaut, wodurch der ungestörte Betrieb der Ostslowakischen Eisenwerke in Košice gewährleistet wurde. Von Wäldern umgeben bildet es für die Einwohner von Košice ein willkommenes Erholungsareal.

63

Das Pieninengebirge – eine Floßfahrt auf dem Dunajec, besonders durch den Durchbruch des Flusses durch das Gebirge, bieten den Besuchern des bilateralen (slowakisch-polnischen) Pieninen-Nationalparks ein unvergeßliches Erlebnis. Die reißenden Wasser des Dunajec schufen im Dunajec-Durchbruch fünf ausgehöhlte Mäander. Unser Abschnitt zwischen der Ortschaft Červený Kláštor und den polnischen Gemeinde Sczawnica Niznia hat eine Länge von 6 km. Der Pieninen-Nationalpark (PIENAP) wurde im J. 1967 proklamiert.

64

Vor Sonnenaufgang auf dem Stausee Zemplínska šírava. Dieses Wasserbecken ist nach dem Orava-Stausee eines der drei größten Wasserreservoire in der Slowakei, es hat eine Fläche von 33,5 km². Es dient als Gewährleistung für die Industrie und die Landwirtschaft. Erbaut wurde der Stausse in den J. 1961–1965. Die Umgebung gehört zu den sonnigsten Regionen in der ganzen Slowakei und wird jährlich von über einer Million Erholungsuchender und Urlauber besucht.

65

Bzovík, im Turm des befestigten Klosters. Die Gründung des Prämonstratenserklosters in Bzovík (1127–1131) wird mit dem Namen des Königs Béla II. erwähnt, der dem Kloster Grundbesitz schenkte und hier eine Abtei dieses Ordens gründete. Um die Mitte des 16. Jahrhunderts besetzte Žigmund Balassa das Kloster und vertrieb die Ordensbrüder, um es gegen die Türken zu befestigen. Schließlich wurde das Kloster nicht von den Türken erobert, sondern von den Heerscharen des aufständischen Magnaten Thökölyi (1678). Seit dem 19. Jahrhundert verfiel das verödete Kloster und im zweiten Weltkrieg wurde seine Zerstörung vollendet. Das als Denkmal geschützte Objekt wurde zu Beginn der siebziger Jahre teilweise hergerichtet.

66

Die Burg Beckov schließt den Talgrund des Flusses Váh ab. Im Verein mit der Burg Trenčín sicherte sie im 13. Jahrhundert die westliche Grenze Oberungarns, der heutigen Slowakei. Zu Beginn des 14. Jahrhunderts bemächtigte sich ihrer Matthäus Čák von Trenčín, einer der einflußreichsten Feudalherren dieser Zeit. Die Burg, die im J. 1599 erfolglos von den Türken belagert wurde, fiel im J. 1729 den Flammen zum Opfer und lag seither in Ruinen. Gegenwärtig wird sie als nationales Kulturdenkmal teilweise restauriert.

67

Die Burg Topoľčany am Rande des Gebirges Považský Inovec, ist etwa 15 km von der Stadt Topoľčany entfernt. Sie wurde um die Mitte des 13. Jahrhunderts erbaut. Mehrfach umgebaut und erweitert, besonders in den Kämpfen gegen die Türken, blieb sie schließlich unbewohnt und verfiel zur Ruine. Es blieb von ihr nur eine markante Silhouette mit einem Turm in romantischen Stil übrig, der im 19. Jahrhundert vollendet wurde.

68

Trenčín, der Eingang zur Burg Trenčín, einer der bekanntesten slowakischen Burgen. Der erste schriftliche Bericht auf dem Gebiet der Slowakei aus dem J. 179 u. Z. ist in den Fuß des Burgfelsens eingemeißelt und verzeichnet die Besiegung der Germanen durch die II. römische Legion. Der Name des bekannten Besitzers der Burg Matthäus Čák von Trenčín (1260?–1321), des „Herrn der Waag und der Tatra", ist nur ein kurzer Abschnitt aus der reichen Geschichte der Fortifikationsdominante über der Stadt Trenčín.

69

Die Burg Trenčín. Gegenwärtig wird der Burg Trenčín ihre ehemalige Gestalt vom Ende des 16. Jahrhunderts wiedergegeben, als sie dem Adelsgeschlecht der Zápolyas gehörte. In der oberen Burg werden Expositionen des Trenčíner Museums aufbewahrt. Die Burg ist ein nationales Kulturdenkmal und die Dominante des mittleren Waagtales, von vielen Sagen umwoben.

70

Die Kassettendecke im sog. Goldenen Saal des Schlosses Bojnice mit einer Kopie des Porträts des Schloßbesitzers Johann Pálffy. Zu einer Zeit, als in der Slowakei viele alte Bauwerke dem Zahn der Zeit anheimfielen, ließ J. Pálffy das Schloß Bojnice in den J. 1899–1909 mit Erfolg umbauen.

71

Das neue Stiegenhaus im malerischen Turm des Schlosses Bojnice gehört zur Adaptation der heutigen Form des Objektes. Der ehemalige Besitzer des Schlosses, Graf Johann Pálffy, ließ es in den Jahren 1899–1909 nach dem Vorbild französischer romantischer Burgen im Tal der Loire umbauen. Das Schloß Bojnice (ein Museum neuer Stile) im Verein mit seiner Umgebung, mit Schwefelthermalbädern, die schon im J. 1113 erwähnt werden, mit einem großen zoologischen Garten und seiner wunderschönen Natur ringsum, lockt alljährlich viele einheimische und ausländische Besucher an.

72

Der Hof des Schlosses in Topoľčianky, ursprünglich ein Renaissancebau. In den J. 1825–1830 wurde an der Stelle des ehemaligen Südflügels ein klassizistisches Objekt angebaut, das während der ersten Tschechoslowakischen Republik als Sommerresidenz des Staatspräsidenten diente. Seit dem J. 1950 gehörte das Schloß den Gewerkschaften. Umgeben von einem der größten englischen Parks in der Slowakei, reiht sich das Schloß mit seinem Tiergarten (Auerochshaltung), seinem bekannten staatlichen Zuchtgestüt und seiner reizenden bewaldeten Umgebung schon traditionsgemäß zu den vielbesuchten Orten der Slowakei ein. Das Schloß ist ein nationales Kulturdenkmal.

73

Die Burg Nitra, ein Gebäudekomplex auf dem Burghügel. Die Burg selbst, das bischöfliche Palais, die Bischofskathedrale und die Befestigungen mit den archäologischen Lokalitäten der slawischen Siedlungen in Chrenová, auf dem Berg Zobor und mit der slawischen Begräbnisstätte auf dem Hügel Lupka sind ein nationales Kulturdenkmal. Obwohl Nitra (ursprünglich Nitrava genannt) mit der ältesten, schriftlich belegten christlichen Kirche in der Slowakei (aus dem J. 833) auf eine lange Geschichte zurückblickt, stammt die heutige barocke Form der Nitraer Burg aus den J. 1706–1736. Nitra erlebte ruhmreiche Zeiten; sie war die Lokalität der Sitz des Fürstentums Nitra, der Fürsten Pribina und Svätopluk, aber auch Zeiten des Verfalls (von der Stellung einer königlichen freien Stadt sank sie im J. 1288 zu einer Untertanenstadt des Bistums herab). Sie wurde in fast allen Kriegen, Kämpfen und Einfällen verwüstet, die jahrhundertelang über die Slowakei hinwegbrausten, so daß von den ursprünglichen Bauobjekten nur wenig erhalten blieb.

74

Die frühromanische Rotunde in Skalica in der Mitte der Aufnahme ist ein nationales Kulturdenkmal. Sie wurde im 11. Jahrhundert erbaut. Andere bedeutsame Baudenkmäler im romanischen Stil sind auch die St.-Georgskirche in Kostoľany pod Tríbečom aus dem 11. Jahrhundert, das Kirchlein in Dražkovce bei Nitra (Anfang des 12. Jahrhunderts) und die ursprünglich spätromanische Kathedrale in Spišská Kapitula (aus den J. 1245–1273) sowie andere, kleinere und größere Sakralbauten, die in der ganzen Slowakei verstreut sind.

75

Die Stirnwand des St.-Martinsdomes in Spišská Kapitula, einem spätromanischen Bauwerk aus den J. 1245–1273. Die Kathedrale wurde ursprünglich in der Form einer Dreischiff-Basilika erbaut. Die ganze Lokalität Spišská Kapitula, eine kleine befestigte Priestersiedlung auf dem Abhang oberhalb von Spišské Podhradie, ist heute so wie einst das Zentrum des katholischen kirchlichen Lebens. Es ist eine städtische Denkmalsreservation.

76

Bíňa, ein Jägermotiv in der ursprünglich romanischen Kirche auf dem Kapitell einer Säule, stammt vom Beginn des 13. Jahrhunderts. Es gehört zu den Anfängen der Bildhauerei in der Slowakei, ebenso wie der sitzende Löwe, Leo albus genannt, einer romanischen Plastik aus der 2. Hälfte des 13. Jahrhunderts, die beim Nordeingang der St.-Martinskathedrale in Spišská Kapitula-Spišské Podhradie zu sehen ist.

77

Die Zipser Burg und die Ortschaft Spišské Podhradie von Spišská Kapitula aus. Die Zipser Burg und ihre Umgebung ist ein internationales, von der UNESCO evidiertes Baudenkmal. Sie beherrschte die Zips schon seit dem J. 1209. Als uneinnehmbare steinerne Festung widerstand sie auch dem Tatareneinfall im J. 1241. Die ursprünglich romanische Burg machte im Laufe der Zeit viele Umbauten und Rekonstruktionen durch, angefangen von den spätgotischen bis zu den Adaptationen in der Renaissance, welche die Adelsfamilie Thurzo bei ihrer Herrichtung zu Wohnzwecken durchführer ließ. Nach einer Feuersbrunst im J. 1780 begann die Burg zu veröden und den Verfall konnten auch ihre letzten Besitzer, das Adelsgeschlecht der Csákys, der einstigen erblichen Gespane der Zips (1638–1945) nicht aufhalten. Erst die derzeitigen umfangreichen Konservierungs- und Rekonstruierungsarbeiten ermöglichen es, die Burg mit ihren drei Burghöfen nach und nach für Ausstellungen des Ostslowakischen Museums in Košice zu nützen. Ein Teil der oberen Burg wurde bereits der Öffentlichkeit zugänglich gemacht. Die Zipser Burg ist ein nationales Kulturdenkmal.

78

Die Burg Lietava bei Žilina wird zum erstenmal im J. 1318 erwähnt, als sie schon im Besitz des Magnaten Matthäus Čák von Trenčín war. Die Burg hatte viele Besitzer, bis sie in der zweiten Hälfte des 16. Jahrhunderts die Adelsfamilie der Thurzo durch Heirat erwarb. Ihr gehörte sie bis zum Aussterben des Geschlechtes. Seit dem J. 1729 war die Burg unbewohnt, sie beherbergte nur ein Archiv und als im J. 1770 ihre Erben aufhörten, sich um die Burg zu kümmern, verwandelte sie sich allmählich in eine Ruine.

79

Die Burg Starý hrad, eine Dominante im Waagtal bei Strečno. „Starhrad" war schon im 13. Jahrhundert ein Stützpunkt und eine Mautstation. Zusammen mit der Burg Strečno spielte sie im 14. Jahrhundert eine führende Rolle im oberen Považie-Gebiet. Sie gehörte vielen Besitzern, auch Matthäus Čák von Trenčín und der Adelsfamilie Pongrác. Familienzwistigkeiten zwischen den Angehörigen dieses Geschlechtes waren schließlich der Grund ihres Verfalls. Als die Türkengefahr aufhörte, verlor die Burg auch ihre strategische Bedeutung. Heute liegt sie in Ruinen, an die sich viele volkstümliche Sagen knüpfen.

80

Die Burg Strečno, ein nationales Kulturdenkmal, wird zum erstenmal als „locus tributorum" (Ort zum Ausheben der Maut) schon im J. 1321 erwähnt. Sie gehörte nicht zu den großen Burgen. Aus ihrer Geschichte ist bemerkenswert, daß die Burg im J. 1440 von Jan Jiskra für den König Ladislaus Posthumus erobert wurde. Die Ruinen der Burg auf einem Felsenvorsprung über der strategisch wichtigen Straße im Waagtal spielten eine wichtige Rolle im J. 1944 während der Teilnahme französischer Partisanen im Slowakischen Nationalaufstand. Nach langjährigen Konservierungs- und Rekonstruktionsarbeiten ist sie seit dem J. 1994 für die Öffentlichkeit teilweise zugänglich.

81

Die Ruine der mittelalterlichen Burg Vršatec ist ein Beispiel der Fortifikationsbauten aus der Mitte des 13. Jahrhunderts, erbaut auf einem fast unzugänglichen Felsen. Die Burg wechselte oft ihren Besitzer. Während des Rákóczi-Aufstandes brannte sie nieder und seit dem J. 1708 liegt sie in Ruinen. Es blieben von ihr nur einige Mauern übrig.

82

Zvolen, das mittelalterliche Königsschloß repräsentiert in seinen Grundzügen den Höhepunkt der gotischen Baukunst in der Slowakei (zweite Hälfte des 14. Jahrhunderts). Die Burg erlebte Renaissance- und Fortifikationsumbauten, die noch im 18. Jahrhundert für die Bedürfnisse der Verwaltung des Komitates Zvolen ausgeführt wurden, doch schließlich verlor sie ihre ehemalige Bedeutung und verödete. Die Denkmalsadaptierung der Burg begann in den J. 1894–1896, doch die Generalrekonstruktion wurde erst in den J. 1956–1969 ausgeführt. Heute wird die Burg als Sitz einer elozierten Arbeitsstätte der Slowakischen Nationalgalerie und für Kulturbedürfnisse der Stadt Zvolen genutzt. Das nationale Kulturdenkmal gehört in nicht hinwegzudenkender Weise zur Silhouette der Stadt Zvolen und ihrer anziehenden Umgebung.

83

Das Schloß in Slovenská Ľupča bei Banská Bystrica war schon in der zweiten Hälfte des 13. Jahrhunderts ein bekanntes Jagdschloß des Königs und seines Gefolges. Die drohende Türkengefahr machte einen Umbau des Schlosses erforderlich, doch die Bewohner der Herrschaft von Ľupča zahlten in den J. 1526–1718 trotzdem furchtbar auf die Raubzüge der Türken drauf: 300 Personen aus der Ortschaft Poniky verschleppten sie in die Gefangenschaft und brannten die Gemeinde im J. 1678 nieder. Nach einer Feuersbrunst im J. 1860 wurde das Schloß allmählich umgebaut und zu verschiedenen Zwecken genutzt (als Waisenhaus für die Bergarbeiterkinder und später – bis zum J. 1957 – als Magazin). Heute dient das Schloß als Heim der Charitaszentrale für Ordensschwestern.

84

Budmerice, das Heim der slowakischen Schriftsteller. Das Schloß ließ Johann Pálffy im J. 1899 erbauen, als französische Vorbilder nachgeahmt wurden. Das Objekt von geringerem architektonischen Wert dient heute nur noch teilweise für schöpferische und Erholungsaufenthalte slowakischer Schriftsteller.

85

Das neogotische Schloß in Rusovce bei Bratislava, ein Beispiel der kulturellen Nutzung ehemaliger Residenzen. Das Schloß wurde in der zweiten Hälfte des 19. Jahrhunderts in einem Stil erbaut, der die englische Gotik nachahmte. Im englischen Park werden Friedensfeiern im Rahmen des Bratislavaer Kultursommers abgehalten.

86

Tesárske Mlyňany – das Schloß im Arboretum wird vom Institut für Dendrologie der Slowakischen Akademie der Wissenschaften genutzt. Das Arboretum gründete in den J. 1892–1894 der damalige Besitzer Stephan Ambrózy-Migazzi, ein Amateurdendrologe, im Verein mit seinem Gärtner Jozef Mišák. Mit seinen 2200 Arten immergrüner Nadel- und Laubhölzern (besonders fremdländische Vertreter) gehört es zu den schönsten Gärten der Welt.

87

Spišská Belá, das Schloß in Strážky entstand im 13. Jahrhundert als befestigter Wachtturm. Der älteste Teil ist ein gotischer Palast aus dem 15. Jahrhundert. Das Objekt machte große statische, bauliche und Denkmalsadaptationen durch, zuletzt in den achtziger Jahren dieses Jahrhunderts. Mit diesem Schloß ist ein Teil des Lebens und Schaffens des bedeutenden slowakischen Malers aus dem 19. Jahrhundert, des Künstlers Ladislaus Medňanský (1852–1919) verknüpft.

88

Das Schloß Smolenice in den Kleinen Karpaten. Die ursprüngliche Burg wurde im 14. Jahrhundert als Wachtturm errichtet. Sie gehörte mehreren Besitzern, bis sie im J. 1777 Johann Pálffy erwarb. Das Geschlecht der Pálffys, ursprünglich von geringer Bedeutung, erwarb Ansehen und ausgedehnte Güter in der Westslowakei (auch in Österreich) nicht nur dank seiner in den Kriegen gegen die Türken errungenen Auszeichnungen, sondern auch durch politische Spekulationen. Das verstaatlichte Schloß wurde baulich in den J. 1949–1957 für die Zwecke der SLowakischen Akademie der Wissenschaften vollendet und adaptiert (wissenschaftliche und Erholungsaufenthalte, Symposien, Konferenzen u. ä.).

89

Das Schloß in Moravany nad Váhom bei Piešťany. Das ursprüngliche Renaissanceschloß ließ Bischof Čáky im 16. Jahrhundert erbauen. Hinter der ursprünglichen hohen Attika wurde im J. 1881 ein zweites Stockwerk errichtet. Das Schloß zusammen mit dem ursprünglichen Areal von Wirtschaftsgebäuden wurde für schöpferische und Erholungsaufenthalte der Künstler adaptiert. Den Schloßpark schmücken Holzplastiken; ihre Autoren waren Teilnehmer an internationalen Bildhauersymposien, die in Moravany abgehalten wurden.

90

Die Burg Orava und der Fluß Orava von Norden aus. Als kleine mittelalterliche Burg ist sie dokumentarisch aus dem J. 1267 belegt. In der mittleren Burg erbaute man ein Wohnpalais, datiert aus dem J. 1483. Die ausgedehnten Gebäude, Anbauten und Rekonstruktionen im Objekt wurden im J. 1866 beendet, als man das Museum des Oravaer Kompossesorates hier unterbrachte. Ernste statische Schäden führten im J. 1953 zu einer umfangreichen Renovierung der Burg. Das malerische Bauwerk wirkt sehr bizarr von Norden aus betrachtet, woher man die obere Burg erblickt, die auf einem schmalen Kalksteinfelsen 112 m über dem Wasserspiegel des Flusses Orava errichtet wurde.

91

Der Grubenteich Klinger in den Bergen Štiavnické vrchy gehört zum sinnreichen System der Bergwerks-Wasserreservoirs, die vor fast 200 Jahren in der Umgebung von Banská Štiavnica erbaut wurden. Die Reservoirs dienten industriellen und wasserwirtschaftlichen Zwecken. Auch heute noch sind 19 solcher Wasserwerke in Betrieb, wobei einige von ihnen – besonders die Teiche von Počúvadlo, Richnava und Studenec – gleichzeitig auch beliebte Erholungsorte sind.

92

Das Panorama von Banská Štiavnica mit dem „Kalvarienberg" und dem Neuen Schloß. In der reizenden Landschaft der Berge Štiavnické vrchy breitete sich terrassenförmig schon im Mittelalter die Bergbaustadt aus, deren bauliche Entwicklung auf dem ertragreichen Silberbergbau seit dem 16. Jahrhundert beruhte. In den J. 1564–1571 wurde hier ein Wachtturm gegen die Türken, das heutige Neue Schloß, erbaut, das zusammen mit dem „Kalvarienberg" (1754) bis heute die Dominante der Stadt bildet.

93

Das Tor Piarska brána (Johannesberger Tor) in Banská Štiavnica hatte eine Wehrfunktion, es stammt aus dem J. 1554 und wurde im 18. Jahrhundert in barockem Stil umgebaut. In der Stadt Banská Štiavnica wurde im J. 1763 eine Bergbauakademie gegründet, die erste technische Hochschule in der ganzen Welt. Im J. 1782 hatte die Stadt über 23 000 Einwohner, sie war die drittgrößte Stadt im damaligen Ungarn, doch vom 19. Jahrhundert an begann sie zu verfallen, weil die dortigen Erzgruben erschöpft waren, und die Zahl ihrer Einwohner verminderte sich, im J. 1985 hatte sie nur etwas über 10 000 Einwohner. Der historische Stadtkern ist eine städtische Denkmalsreservation und das Stadtschloß Starý zámok mit 11 Gebäuden der ehemaligen Bergbauakademie sind nationale Kulturdenkmäler. Das Alte Schloß und das Neue Schloß, der Kammerhof und einige weitere Objekte dienen heute den Zwecken des Slowakischen Bergbaumuseums.

94

Der „Kalvarienberg" in Banská Štiavnica ist das schönste sakrale Bauwerk dieser Art in der Slowakei. Er wurde in den J. 1744–1751 auf Anregung des Jesuitenpaters F. Perger erbaut. Der „Kalvarienberg" auf dem steilen Hügel besteht aus 17 Kreuzwegstationen und 5 größeren Bauten, die in der Achse des architektonischen Komplexes angeordnet sind.

95

Die Burg Krásna Hôrka, eine Festung gegen die Türken im Gemer-Gebiet, wurde in den J. 1539–1545 befestigt. Die letzten Besitzer der Burg seit dem J. 1642 war die Magnatenfamilie Andrássy, die sie umbauen und erweitern ließ. Durch ein Schadenfeuer im J. 1817, von einem Blitz verursacht, wurde die Burg erheblich beschädigt. Der letzte Bewohner der Burg, Dionysius Andrássy, baute die Burg nach dem Tod seiner geliebten Gemahlin Franziska Hablavec faktisch zu einem Familienmuseum um (1903). In der Gemeinde Krásnohorské Podhradie ließ er zum Andenken an seine verstorbene Gemahlin ein Mausoleum erbauen, eines der schönsten Bauwerke aus der Sezessionszeit in der Slowakei. An die Burg selbst knüpfen sich viele, auch literarisch verarbeitete Sagen. Sie ist ein nationales Kulturdenkmal und dient der Öffentlichkeit als Museum der feudalen Wohnkultur.

96

Das Schloß in Betliar (unweit von Rožňava) zeichnet sich durch viele Superlative über die Besucherzahl, die Wohlerhaltenheit der Sammlungen und der Einrichtung, aber auch eines der ausgedehntesten Parks (cca 70 ha) in der Slowakei aus. Das Fundament stammt aus dem 18. Jahrhundert, die Umbauten vom Ende des 19. Jahrhunderts machten aus dem Objekt ein Jagdschloß. Ein Teil des Bauwerks wurde als Museumsraum für Kuriositäten aus der ganzen Welt hergerichtet.

97

Die Reste der Burg Plaveč, das nördlichste slowakische Wachtobjekt. Die Ruinen des hohen Wohnflügels stürzten im J. 1989 ein und wurden von den Einwohnern der umliegenden Dörfer als Baumaterial verwendet. Zusammen mit den Überbleibseln der Bastei bilden sie nur noch einen geringfügigen Rest der einst wichtigen Burg, die die Handelsstraße aus dem Gebiet Šariš nach Krakau in Polen bewachte. Sie wird bereits im J. 1294 erwähnt, wurde jedoch erst im 2. Drittel des 14. Jahrhunderts vollendet. Die Probleme mit ihrem letzten unüberlegten Umbau zu Wohnzwecken (1830) löste definitiv eine Feuersbrunst im J. 1856. Seither verödete die Burg allmählich und wurde nach und nach vom Wald verschlungen.

98

Die Burg Turňa am Rand eines Karstplateaus wurde nach dem Tatareneinfall im 13. Jahrhundert erbaut. Während der Kämpfe um den ungarischen Königsthron geriet sie in die Hände Jan Jiskras und seiner Heerscharen; im J. 1652 wurde sie von den Türken erobert und endgültig wurde sie während der antihabsburgischen Aufstände der ungarischen Adeligen im J. 1685 zerstört.

99

Der St.-Elisabethdom in Košice mit der St.-Michaelskapelle ist ein nationales Kulturdenkmal. Der größte gotische Dom in der Slowakei, erbaut in den J. 1345–1508, war das Vorbild für ähnliche Bauwerke in Levoča, Bardejov, ja auch in Polen, Niederungarn und in Siebenbürgen. Er hat ein künstlerisch wertvolles Interieur mit vier gotischen Altären und einer königlichen Empore (nach dem Vorbild im St.-Veitsdom in Prag).

100

Hronský Beňadik, die gotische Kirche und das Kloster im Tal des Flusses Hron oberhalb des sog. Slowakischen Tores, ist das wichtigste befestigte Sakralobjekt in der Slowakei. Mit seinem Bau wurde um das J. 1350 begonnen. Vom Ende des 14. Jahrhunderts stammt die Stirnseite mit dem hochgotischen Eingangsportal und der Abteiflügel. Das Gebäude wurde im 16. Jahrhundert aus Furcht vor der drohenden Türkengefahr sowie vor den Angriffen der Einwohner von Banská Štiavnica befestigt. Das Kloster gehörte dem Benediktinerorden. Heute befindet sich im Abteiflügel ein Heim der Charitas. Der Komplex, der zu einer Generalreparatur vorbereitet wird, ist ein nationales Kulturdenkmal.

101

Kremnica, das restaurierte, ursprünglich gotische Bellasche Haus auf dem Stadtplatz im wohlerhaltenen historischen Stadtkern der städtischen Denkmalsreservation. Es sind dies Bauten vom sog. Maßhaustyp der Bürgerhäuser mit einem Eintrittsraum (einem Hausflur oder einem Gang).

102

Die Stadtburg in Kremnica, ein nationales Kulturdenkmal. Der Komplex der wohlerhaltenen Bauten, fast in der ursprünglichen Konzeption, stammt ungefährt aus den J. 1388–1405. Kremnica (als Siedlung, in der schon um das J. 1000 Gold gefördert wurde) wird schriftlich zum erstenmal als Cremnichbana im J. 1328 erwähnt. Im Mittelalter war Kremnica einer der wichtigsten Goldproduzenten in Ungarn. Um das J. 1440 wurde die Stadt mit Mauern umgeben und dadurch fortifikatorisch an die Stadtburg angeschlossen. Im J. 1328 wurde in Kremnica eine Münzanstalt gegründet, die besonders durch die Prägung ihrer Golddukaten berühmt war und die auch heute noch in Betrieb ist. Mit ihrer über 650-jährigen Geschichte ist sie die älteste erhaltene Münze in Europa.

103

Die Stirnwand des Thurzohauses in Levoča mit Pseudorenaissancesgraffitos wurde in den J. 1903–1904 von Hörern der Budapester Kunstgewerbeschule unter der Leitung von Prof. Š. Groh verfertigt. In den J. 1958–1959 wurde die Fassade von M. Štalmach restauriert. Das typische mittelalterliche Haus eines wohlhabenden Bürgers entstand durch den Umbau zweier gotischer Gebäude im Renaissancestil im 16. Jahrhundert.

104

Poprad-Spišská Sobota, ein Altar von Meister Paulus aus Levoča aus dem J. 1516 ist der Stolz der Pfarrkirche des Hl. Georg. Die Bürgerhäuser, welche die Kirche auf dem Stadtplatz umgeben, waren ursprünglich gotisch, später wurden sie im Renaissancestil umgebaut. Sieben der architektonisch wertvollsten von ihnen werden in den ursprünglichen Zustand zurückversetzt.

105

Levoča, die Gestalt des Judas vom Letzten Abendmahl von Meister Paulus aus Levoča auf der Predella des Hauptaltars im St.-Jakobsdom. Einer der höchsten spätgotischen Schreinaltäre in Mitteleuropa (18,5 m hoch und 6 m breit). Er entstand unter der Mithilfe von Mitautoren in den J. 1508–1515. Von Meister Paulus stammen auch die drei zentralen Statuen im Altarschrein.

106

Der Apostel Jakobus von Meister Paulus aus Levoča, auch auf der Predella des Hauptaltars in der St.-Jakobskirche. Meister Paulus nahm unter den zeitgenössischen Künstlern einen hervorragenden Platz ein; in den J. 1527–1528 war sein Name im Verzeichnis der Ratsherren von Levoča eingetragen. Nach Levoča wurde er wahrscheinlich von J. Thurzo berufen, einem Krakauer Bürger aus der Gemeinde Betlanovce, der geschäftlich auch in Polen engagiert war.

107

Levoča, der Kreuzgang im Minoritenkloster aus dem 14. Jahrhundert. Der gotische Arkadengang, der die Mitte des Klosters von vier Seiten umschließt (der sog. gotische Paradieshof), ist bei den alten Stadtmauern an die dreischiffige Hallenkirche angeschlossen.

108

Levoča, das Rathaus und die St.-Jakobskirche in der städtischen Denkmalsreservation. Das ursprüngliche Dreitraktgebäude hat einen Mansardenaufbau im Stil der polnischen Renaissance. Die gotische Hallenkirche vom pseudobasilikalen Typ wurde vor dem J. 1400 vollendet. In der Kirche befinden sich bekannte Holzschnitzereien von Meister Paulus und aus seiner Werkstätte.

109

Levoča, das Renaissanceportal des Hauses (Nr. 40) auf dem Stadtplatz, datiert mit dem J. 1530. Das Haus stammt aus dem 15. Jahrhundert, restauriert wurde es im J. 1982. Die Bau- und Kunstdenkmäler in der Zips gedenken der Machtkämpfe, aber auch der Blütezeiten des Handwerks und des Handels; es kennzeichnen sie multinationale Einflüsse. Dabei führten die Städte Levoča und Kežmarok in der ersten Hälfte des 16. Jahrhunderts einen unregelmäßigen Krieg gegeneinander um den wirtschaftlichen Vorrang.

110

Spišský Štvrtok, die St.-Ladislauskirche mit der Kapelle der Adelsfamilie Zápoľský an der Südseite des Kirchenschiffs. An die ursprünglich gotische Kirche aus dem 13. Jahrhundert mit romanischen Elementen ließ Stephan Zápoľský, erblicher Gespan des Komitates Zips und damaliger ungarischer Palatinus, im J. 1473 eine stockhohe gotische Kapelle anbauen, die ursprünglich nur für ihn und seine Familie bestimmt war.

111

Bardejov, im historischen Stadtkern hat sich ein Teil der ursprünglich gotischen Häuser aus dem 14. Jahrhundert ihren gotischen und Renaissancecharakter bewahrt, obwohl sie mehreren partiellen Adaptationen und Renovierungen unterworfen waren.

112

Das spätgotische Rathaus in Bardejov wurde in den J. 1505–1508 erbaut, in der höchsten Blütezeit der Stadt. Das Rathaus steht vereinsamt nicht nur in der Mitte der Stadt, sondern auch inmitten der gesamten Denkmalsreservation. Bardejov hatte am Ende des 15. Jahrhunderts etwa 500 Häuser und 3000 Einwohner. Das Rathaus wurde zuletzt im J. 1993 renoviert, es gehört zu den Kleinodien der slowakischen historischen Architektur. Besonders wertvoll ist auch die ursprünglich gotische Pfarrkirche aus dem J. 1415 mit der größten Anzahl gotischer Flügelaltäre in der Slowakei.

113

Kežmarok, im Hof der Stadtburg dominiert die frühbarocke Kapelle aus dem J. 1658. Die ursprünglich gotische Burg aus dem 14. bis 15. Jahrhundert wurde nach einem Renaissance- und späteren Umbau für die Zwecke des Museums rekonstruiert. Kežmarok ist eine städtische Denkmalsreservation.

114

Prešov, die Stuckverzierung des spätbarocken Hauses Nr. 22 auf dem Stadtplatz ist ein Exterieurbeispiel des Lebensstils im 17. Jahrhundert, der auch die Architektur und die bildende Kunst prägte. Das Barock mit seiner Dynamik, seiner Tendenz zum Monumentalismus, seiner Pomphaftigkeit und Illusivität kennzeichnete viele sakrale und profane Gebäude in der Slowakei (z. B. die Salla terrena auf der Burg Červený Kameň u. a.).

115

Der Renaissancekirchturm in der Gemeinde Svinia stammt aus dem J. 1628; sein Attikagiebel ist typisch für eine ganze Reihe reizvoller Renaissancetürme in der Ostslowakei (Červenica, Jamník, Spišský Hrhov, Granč-Petrovce, Harakovce, Chmeľov, Chmiňany, Osikov und Badačov, die aus der ersten Hälfte des 17. Jahrhunderts stammen). Der Turm in Svinia wurde im J. 1982 renoviert.

116

Podolínec, der Renaissanceglockenturm neben der Kirche, erbaut im J. 1659. Er ist ein Musterbeispiel für die prismatoidischen, separat stehenden Kampanilen in der Zips, die an Basteien erinnern. Es schmückt ihn – ähnlich wie die Renaissanceglockentürme in Poprad, Spišská Sobota, Strážky und Vrbov – eine Giebelattika. Der älteste und schönste dieser Glockentürme, erbaut in den J. 1568–1591, steht in Kežmarok.

117

Das Seitenschiff der gotischen Kirche in Štítnik. Die ursprünglichen mittelalterlichen und späteren Wandgemälde (vornehmlich nach italienischen Vorbildern) ließen die Protestanten um die Mitte des 17. Jahrhunderts übertünchen. Wieder freigelegt wurden sie erst bei der Restaurierung in den J. 1899–1908 und 1908–1914. Die Kirche ist ein nationales Kulturdenkmal.

118

Trnava, das Interieur der Universitätskirche, die eine der wertvollsten Schöpfungen unter den frühbarocken Baudenkmälern in der Slowakei darstellt, reich verziert mit Stuckarbeiten von G. B. Rossi, G. Tornini und P. A. Conti. Der Hauptaltar des Hl. Johannes des Täufers stammt aus den J. 1637–1640, er wurde von B. Knilling aus Wien in Zusammenarbeit mit einheimischen Meistern V. Stadler, V. Knotek, V. Knerr und Ferdinand geschaffen. Es befinden sich auf ihm 27 Statuen. Die Stadt Trnava war seit dem J. 1541 über 200 Jahre lang das Zentrum der kirchlichen Verwaltung Ungarns. Die Kirche wurde mit dem Komplex der anliegenden Gebäude und dem Jesuitenkollegium wegen ihres architektonischen Wertes zum nationalen Kulturdenkmal erklärt.

119

Das Thurzohaus (Mittelhaus) in Banská Bystrica mit einer Renaissancefassade. Oswalds Umbau gab dem Objekt ein vorwiegendes Renaissancegesicht, das es sich bis heute bewahrt hat. Das ursprünglich spätgotische Bauwerk machte in den 50-ger Jahren eine große Denkmalsrekonstruktion durch.

120

Die ursprünglichen Renaissancehäuser auf dem Stadtplatz in Žilina stehen auf gotischen Fundamenten und bilden mit ihren ebenerdigen Arkaden auf der ganzen Peripherie des quadratischen Stadtplatzes einen zusammenhängenden gedeckten Raum. Die Umbauten der Häuser besonders am Ende

des 19. und im 20. Jahrhundert entwerteten das ursprüngliche architektonische Aussehen der Gebäude.

121

Die staatliche Burg Červený Kameň, ein nationales Kulturdenkmal, wird als königliche Burg schon im 13. Jahrhundert erwähnt. Die Unternehmer- und Bankierfamilie der Fugger ließ die Burg zu Beginn des 16. Jahrhunderts zu einer modernen Festung umbauen. Bei den Ausbesserungen nach der Feuersbrunst statteten sie die Burg seit dem J. 1649 mit frühbarocken prunkvollen Interieurs aus, von denen die Maler- und Stuckverzierungen in der Salla terrena am höchsten geschätzt werden.

122

Die Ruinen der Burg Čachtice (bei Piešťany) veröden seit dem J. 1708, als die Burg während des Aufstandes der ungarischen Adligen gegen die Habsburger niedergebrannt wurde. Diese Burg ist durch die blutdürstigen Missetaten der Adelsfrau Elisabeth Báthory berüchtigt geworden, der viele junge Mädchen zum Opfer fielen. Ein Sondergericht verurteilte sie zu lebenslänglichem Kerker, den sie im unteren Burgschloß verbüßen sollte.

123

Die Burg Bratislava vom nördlichen Schloßhof aus. Im J. 1811 brannte die Burg ab und verfiel seither (man nannte sie den „umgekehrten Stuhl Maria Theresias"). Neuen Ruhm erlebte die Burg erst nach dem zweiten Weltkrieg; nach ihrer Rekonstruktion dient sie seit 1982 zu Repräsentationszwecken des Slowakischen Nationalrates und ist auch Sitz des Historischen Museums des Slowakischen Nationalmuseums. Die Burg ist ein nationales Kulturdenkmal.

124

Bratislava, die englischen Gobelins im Primatialpalais. Sechs Teile aus der englischen königlichen Gobelinmanufaktur in Mortlake aus dem 17. Jahrhundert sind in den Festsälen im ersten Stock ausgestellt. Ihre Sujets schöpfen sie aus der altgriechischen Sage von Hero und Leander.

125

Bratislava, der sog. Pompejanische Saal im Alten Rathaus (im westlichen Flügel) mit einem Tonnengewölbe (1583), hat eine reiche ornamentale Dekoration nach pompejanischen und herkulanäischen Vorbildern, ausgeführt von C. Engel; sie stammt aus dem J. 1878. Der Saal und seine Einrichtung gehört zu einem umfangreichen Komplex von Räumen, in denen die Sammlungen des Stätischen Museums von Bratislava untergebracht sind.

126

Bratislava, der Michaelsturm im historischen Stadtkern. Die am besten erhaltenen mittelalterlichen Stadtmauern in der Slowakei stehen zwar in Levoča, Bardejov und Kremnica, doch der Michaelerturm und das Michaelertor in Bratislava sind noch bekannter. Es ist ein Überbleibsel des Fortifikationssystems der königlichen Freistadt Bratislava, die drei und im 15. Jahrhundert sogar neun Tore hatte. Erhalten blieb jedoch nur das Michaelertor etwa aus dem J. 1411 mit einem prismatischen Turm (1511–1517) und einem zwiebelförmigen Rokokodach (1758).

127

Bratislava, das Portal des Palastes des Marschalls Leopold Pálffy, eines Landsmanns aus Wien, des Wächters der ungarischen Krone (1758) und Hauptbefehlshabers der ungarischen Streitkräfte (1763). Das dreistöckige fünfflügelige Gebäude des Palastes mit zwei Höfen stammt vom Ende der ersten Hälfte des 18. Jahrhunderts, aus der Zeit der fieberhaften Bautätigkeit in den ersten Jahren nach der Thronbesteigung Maria Theresias (1740–1780), die den ihr gehorsamen Adel begünstigte.

128

Das Slowakische Nationaltheater in Bratislava ist ein romantisches Gebäude, erbaut im Neorenaissancestil im J. 1886 nach Projekten von F. Fellner und H. Helmer. Vor dem Theater steht ein Ganymedspringbrunnen aus dem J. 1888, ein Werk von V. Tilgner. Das neue moderne umfangreiche Gebäude des Slowakischen Nationaltheaters unweit des Bratislavaer Hafens steht kurz vor seiner Vollendung.

129

Bratislava, die Eintrittshalle mit einer Balustrade im Gras-

salkowichpalais. Die allegorischen Sandsteinfiguren von Bildhauer Bayer – David, Salomo, Frühling und Herbst – stammen vom Ende des 18. Jahrhunderts. Das ursprünglich pavillonartige Sommerpalais ließ der damalige Präsident der Ungarischen Kammer Anton Grassalkowich nach dem J. 1760 im französischen Garten erbauen. Jetzt der Präsidentensitz.

130

Bratislava, der gotische dreischiffige Hallendom des Hl. Martin (14.–15. Jahrhundert) mit dem Presbyterium, dem Turm, drei gotischen Kapellen und einer barocken Kapelle des Hl. Johannes des Almoseniers.

131

Die Burg und der St.-Martinsdom sind altertümliche Symbole der Stadt an der Donau. Auf der Spitze des pyramidenförmigen Domturmes befindet sich eine vergoldete Krone auf einem Polster – das Symbol des Krönungsdomes, in dem vom 16. bis 19. Jahrhundert die ungarischen Könige und Königinnen aus der habsburgischen Dynastie gekrönt wurden.

132

Žilina – das Schloß Budatín, im Rastelbindermuseum. Die Rastelbinderei als Wandergewerbe des slowakischen Volkes reicht bis in die Mitte des 18. Jahrhunderts zurück. Die Arbeit vom einfachen Flicken löchriger Töpfe bis zur Herstellung künstlerischer Erzeugnisse aus Draht, die in der Vergangenheit auf bedeutsamen europäischen Ausstellungen mit Goldmedaillen gewürdigt worden war, gehört zur Geschichte des slowakischen Handwerks. Die Rastelbinder wanderten zur Arbeit nicht nur in ganz Europa, sondern auch nach Kleinasien und Amerika. Die Geschichte des Glanzes und des Elends der Rastelbinderei und der slowakischen Auswanderung dokumentiert das Rastelbindermuseum als ein Teil des Museums Považské múzeum und der Galerie in Žilina.

133

Das Spitzenklöppeln in der Ortschaft Špania Dolina als organisierte Betätigung hat in dieser ehemaligen Bergarbeitersiedlung eine mehr als einhundertjährige Tradition. Als Erwerbstätigkeit wurde diese Beschäftigung in einigen ursprünglichen Zentren der Slowakei vom Ústredie ľudovej umeleckej výroby (Zentrale für volkstümliche künstlerische Produktion) wieder erneuert.

134

Das Fenster eines Hauses in der Gemeinde Východná während des Folklorefestivals. Das Festival wird in dieser Ortschaft am Fuß der Hohen Tatra seit 1953 alljährlich abgehalten. Seit 1979 ist es Mitglied der internationalen Organisation der Veranstalter von Folklorefestivals bei der UNESCO.

135

Vor dem letzten erhaltenen volkstümlichen Haus in der Gemeinde Štrba am Fuß der Hohen Tatra. Eine Schwiegermutter richtet der Braut die Štrbaer Tracht.

136

Eine Puppe in der Tracht von Myjava mit einer reichen Spitzendekoration gemäß der Kleidung für erwachsene Frauen. Am Ende des 19. Jahrhunderts gründete der ungarische Staat – im Bestreben soziale Unruhen in den Bergbaugebieten zu verhindern – seit dem J. 1893 staatliche Spitzenklöppelwerkstätten in den ursprünglichen Zentren dieser Beschäftigung (Špania Dolina, Staré Hory, Hodruša, Kremnické Bane). Dank der damaligen Arbeitslosigkeit der Bergarbeiter in diesen Gemeinden gelangten die slowakischen Spitzen schon vor hundert Jahren in die ganze Welt.

137

Pozdišovce, ein Hersteller volkstümlicher Keramik beim Verzieren großer, bis 80 cm hoher Vasen mit dem typischen glasierten Dekor und Farbengebung von Pozdišovce. Heute haben die keramischen Erzeugnisse aus Pozdišovce meist nur eine dekorative Funktion, ähnlich wie die Produkte der bekannteren Majolikawerkstätte in Modra. Dem keramischen Schaffen widmen sich auch viele professionelle Künstler in der ganzen Slowakei.

138

Trnava, Fayence von Holíč aus der Parrákschen Sammlung ist heute im Besitz des Westslowakischen Museums. Die Sammlung Parráks, ähnlich

wie die Sammlungen P. Blahos und H. Landsfelds, sind Ergebnisse ihrer lebenslangen Sammeltätigkeit, sie haben viele wertvolle und seltene Artefakten aus Keramik, Fayence, Majolika u. ä. gerettet, die heute von den Besuchern der Museen in Trnava, Skalica und anderswo bewundert werden.

139

Ein Habanerhaus und -krug in Veľké Leváre. Im 16. Jahrhundert wanderten Kroaten und Habaner, Angehörige der Wiedertäufersekte, in die Gemeinde ein. Die Ortschaft Veľké Leváre wurde allmählich ein privilegiertes Landwirte- und Handwerkerstädtchen, bekannt durch die Herstellung von Habanerkeramik und Kruggeschirr. In der Habanerkeramik, verfertigt mittels der Fayencetechnik, dominieren typische ungebrochene Farben des hohen Feuers: blau, grün, gelb und violett.

140

Felsbehausungen in Brhlovce (Kreis Levice), ausgehöhlt in Andesittufffelsen. In der Gemarkung der ehemaligen Gemeinde Horné Brhlovce gibt es auch heute noch ganzjährig bewohnte Felsbehausungen, die aus zwei Räumlichkeiten bestehen, aus einer Vorzimmerküche und einer Wohnstube. Die Ställe und die Kammer wurden separat im Felsen ausgehauen. Die Entstehung dieser Behausungen wird mit den Weinkellern (hajloch genannt) in Zusammenhang gebracht, die ihre einstige Funktion bereits verloren hatten.

141

Ein Musikant aus der Gemeinde Terchová, der „Jánošíks Region". Ein Quartett aus Terchová (häufig nur in einer Dreierbesetzung) ist ein archaischer Prototyp der Violinmusik. Es charakterisiert sie ein voller, harter Ton des Ensembles, einer Folge des häufigen Spielens auf leeren Saiten. Der begleitende Gesang ist zwei- und dreistimmig, einfach verziert, in Terzen gespielt. Die Musikanten aus Terchová treten überall dort auf, wo slowakische volkstümliche Streichmusik dargeboten wird.

142

Ein Bursche aus der Gemeinde Detva beim Folklorefestival am Fuß des Berges Poľana in Detva. Dieses Festival ist eine regionale Schau von Folkloreensembles und einzelner Mitwirkender, die unsere volkstümlichen Traditionen bewahren und die Zuschauer nicht nur mit ihrem spezifischen Programm, sondern auch mit den präsentierten Trachten anziehen.

143

Der volkstümliche Sänger Chvastek aus Terchová. Dank der vielen Folklorefestivals bleibt in der Slowakei auch das volkstümliche Liedschaffen erhalten. Es wird von der älteren den jüngeren Generationen überliefert, bereichert um neue Elemente aus der Gegenwart.

144

Myjava, das Vorführen alter Volksbräuche auf Folklorefestival zeugt davon, daß sich auch die jungen Leute, die bei diesen Programmen mitwirken, lebhaft für das geistige Erbe ihrer Altvorderen interessieren.

145

Volksbaukunst in Čičmany, das Haus der Familie Radena. Das Haus wurde beim Wiederaufbau der Gemeinde nach der großen Feuersbrunst im J. 1923 nach ursprünglichen Vorbildern erbaut. Es beherbergt eine ethnographische Exposition, die die Volkskultur dieses charakteristischen slowakischen Dorfes am Fuß des Berges Kľak dokumentiert und den Besuchern näherbringt.

146

Frauen aus Čičmany bei der Aufnahme eines folkloristischen Fernsehfilms. Die Folkloredokumentaristik ist bei uns ein ständiges Sujet des Film- und Fernsehschaffens; sie trägt dadurch zur Popularisierung der Werte der slowakischen Folklore im In- und Ausland bei, wo sie hoch geschätzt wird, namentlich dank des Auftretens professioneller Folkloreensembles, wie Slovenský ľudový kolektív, Lúčnica u. a.

147

Podbiel, volkstümliche Blockhäuser in der Region Orava. In der Gemeinde Podbiel blieben bis heute fast 30 ursprüngliche hölzerne Wohnhäuser aus der Mitte des 19. und vom Anfang des 20. Jahrhunderts erhalten, ein Teil von ihnen werden zum zeitweiligen Aufenthalt an Touristen und Urlauber vermietet.

148

Šaľa, der Typ eines südslowakischen volkstümlichen Hauses mit einem Strohdach, datiert mit der Jahreszahl 1831 an einem Balken. Die Wände wurden aus Ruten verfertigt, die um Pfähle geflochten und von beiden Seiten mit einer dicken Lehmschicht bedeckt wurden. Im verflossenen Jahrhundert baute man solche Häuser auch in der unmittelbaren Umgebung der Stadt Nitra.

149

Koceľovce, Türbeschläge eines ursprünglich gotischen Portals einer einschiffigen Kirche aus der ersten Hälfte des 14. Jahrhunderts, in der wertvolle Wandmalereien vom Ende desselben Jahrhunderts erhalten blieben.

150

Stará Halič, ein hölzerner Renaissanceglockenturm neben der Kirche. Er wurde vom Müller A. Poloni im J. 1673 in der Form eines Kegelstumpfes erbaut. Gedeckt ist der Turm mit einem Schindeldach, er steht neben der alten katholischen Kirche aus dem J. 1350, die in den J. 1904 und 1923 renoviert wurde.

151

Smrečany, Detail des Gemäldes vom spätgotischen Nebenaltar, datiert mit der Jahreszahl 1510. Die Szenen aus dem Leben der Hl. Elisabeth sind Beispiele der meisterhaften Arbeit eines unbekannten Malers.

152

Rimavské Brezovo, Wandgemälde aus dem 14. Jahrhundert. Im J. 1893 wurden an den Wänden und an der Wölbung des Presbyteriums in der Kirche Gemälde mit biblischen Motiven aufgedeckt und restauriert. Wertvolle gotische Wandgemälde befinden sich auch in anderen Kirchen der Slowakei, nicht nur im Gemer-Gebiet.

153

Ein Grabstein aus Madačka, aus den Sammlungen des Ethnographischen Museums des Slowakischen Nationalmuseums in Martin. Der Grabstein stammt aus dem 19. Jahrhundert und ist eine bemerkenswerte Steinmetzarbeit mit einem Reliefdekor. Ähnliche Grabsteine gab es auch in Ábelová, Nedelište, Horný Tisovník und Lišov.

154

Die Holzkirche in Miroľa aus dem J. 1770 ist eines der 27 unter Naturschutz stehenden sakralen Holzbauwerke in der Ostslowakei, die als Gesamtheit ein nationales Kulturdenkmal darstellen.

155

Svätý Kríž, die evangelische Artikular-Holzkirche aus der überfluteten Gemeinde Paludza. Sie wurde in den J. 1773–1774 vom Zimmermannsmeister J. Lang erbaut. Mit ihrer Bodenfläche von 1150 m^2 ist sie das größte Bauwerk dieser Art in Mitteleuropa und faßt bis 5000 Personen. Beim Bau des Stausees Liptovská Mara wurde auch die Gemeinde Paludza überflutet. Deshalb wurde die Kirche in ihre Bauteile zerlegt und 5 km weiter südlich, am Rande der Gemeinde Svätý Kríž, wieder aufgebaut.

156

Das Interieur der Artikular-Holzkirche in Hronsek bei Sliač, erbaut auf gemauerten Fundamenten in den J. 1725–1726. Ihr Grundriß hat die Form eines in ein inneres Achteck eingeschriebenen Quadrates und bietet Raum für 1100 Personen. Neben der Kirche steht ein kleiner barocker Glockenturm aus dem ersten Drittel des 18. Jahrhunderts.

157

Jedlinka, der Typ einer Holzkirche des östlichen Ritus aus dem J. 1763; sie gehört zum Komplex der gesetzlich geschützten ostslowakischen Sakralbauten. Die orthodoxe dreiräumige barocke Holzkirche ist außen architektonisch betont durch die Komposition dreier geneigter Zeltdächer mit Mohnköpfen und Kreuzen. Das Gebäude sinkt ständig und dadurch droht eine ernste Beschädigung ihrer wunderschönen Ikonostasis.

158

Leštiny, die evangelische Artikular-Holzkirche, in der Nähe der Stadt Vyšný Kubín, ist eine von mehreren ähnlichen Holzkirchen dieser Art in der Region Orava. Sie wurde in den J. 1688–1689 erbaut und im J. 1853 renoviert. Das Gebäude mit einem Grundriß in der Form eines griechischen Kreuzes und mit einer Empore auf drei Seiten bietet Raum für eine Versammlung von 900 Personen.

159

Kopien gotischer Holzschnitzerei im Schloß Zvolen waren auf der Weltausstellung in Montreal im J. 1967 ausgestellt. Ihre Originale befinden sich auf dem Hauptaltar in der St. Jakobskirche in Levoča. Auf den Seiten der Madonna sind Reliefs von den seitlichen Altarflügeln mit den Motiven „Aufbruch der Apostel" und „Enthauptung des Hl. Jakobus".

160

Madonna aus Sásová (die Hl. Sophia), ein gotisches Gemälde aus dem 15. Jahrhundert. Es stammt aus der Kirche der Hl. Antonius und Paulus, der Eremiten. Das Bild ist im Mittelslowakischen Museum in Banská Bystrica ausgestellt.

161

Die Bronzetür aus dem Weinkeller in der Zipser Burg ist heute im Besitz des Slowakischen Technischen Museum in Košice. Die Tür aus dem J. 1580 ziert das Detail der drei Grazien.

162

Aus der Ikonenexposition des Šarišer Museums im Kurort Bardejovské Kúpele. Die Ikone des Hl. Michael, des Erzengels, aus dem 16. Jahrhundert (mit ikonographischen Elementen aus der russischen Tradition) stammt aus dem untergegangenen Kirchlein in der Gemeinde Rovné bei Svidník.

163

Die Kelter aus Sebechleby gehört zwar schon ins Museum, doch die Weinbautradition im Hont-Gebiet (schon seit dem 11. Jahrhundert) lebt noch bis heute. Im Komitat Hont erreichte die Rebenkultur die höchste Blüte um das J. 1720.

164

Sebechleby-Stará Hora, Winzerhäuschen und Weinkeller aus dem 18. und 19. Jahrhundert. Fast 200 Weinkeller wurden schräg in den Felsen eingemeißelt und auf ihnen Winzerhäuschen erbaut. Viele von ihnen büßten jedoch durch Um- und Anbauen viel von ihrem ursprünglichen architektonischen Wert ein.

165

Vlkolínec, eine Dorfreservation der Volksbaukunst in einer Meereshöhe von 700 m in der Nähe von Ružomberok. Die Gemeinde kann nur über einen steilen, schmalen Fahrweg erreicht werden. In ihr blieben fast alle Holzhäuser erhalten, in denen einige Alteingesessene ihr Leben in der Gemeinschaft mit „Hüttenbesitzern" beschließen, die viele alte Holzhäuser als Privatbesitz aufkauften und sie dadurch vor dem Verfall bewahrten.

166

Bardejovské Kúpele, Museum der Volksbaukunst in der Region Šariš, das dem Šarišer Museum gehört. Sein Aufbau begann im J. 1967, als eine orthodoxe Holzkirche aus der Gemeinde Zboj, die im J. 1766 erbaut worden war, hierher überführt wurde. Die erste Holzkirche (aus der Gemeinde Kožuchovce), wurde in der Slowakei schon im J. 1925 transferiert, sie steht heute im Hof des Ostslowakischen Museums in Košice. Auf der Aufnahme ist ein typisches Wohnhaus und ein Wirtschaftsgebäude aus dem unteren Šariš-Gebiet zu sehen.

167

Špania Dolina, das Bergarbeiterhaus aus dem 19. Jahrhundert gehört zu den Kleinodien unserer Volksbaukunst. Ähnliche Häuser, in denen häufig zwei und mehrere Familien wohnten, gab es auch in den Gemeinden Kremnické Bane, Dolný Turček, Horná Štubňa und Banská Štiavnica.

168

Ždiar, ein volkstümliches Wohnhaus, adaptiert zum Einquartieren von Touristen. Ursprünglich war es ein typisches Ždiarer Haus von sog. polnischen (goralischen) Typ. Der Hof, hier „zvernica" genannt, war auf allen Seiten von Holzgebäuden umgeben, die alle Wohn- und Wirtschaftsfunktionen versahen. Die Gemeinde Ždiar hat etwa 2000 Einwohner, doch kann sie auf einmal über 3000 Touristen und Urlauber beherbergen. Ždiar ist eine Denkmalsreservation der Volksbaukunst.

Kongreß- und Handelszentrums Istropolis. Das architektonisch nüchtern wirkende Gebäude, mit echtem kubanischen Marmor verkleidet, entwarfen als 2. Teil des Gebäudekomplexes die Architekten F. Konček und Ľ. Titl. Erbaut wurde es in den J. 1977–1980.

189

Das neue Theater in Nitra steht in der zentralen Zone der Stadt, und zwar an der Mündung der Fußgängerzone auf den Svätoplukplatz. Das Andrej--Bagar-Schauspieltheater mit der Möglichkeit von Operngastaufführungen hat zwei Säle: der Hauptsaal hat eine Kapazität von 600 Plätzen, der Experimentsaal hat 150 Plätze. Das Theater wurde im Herbst 1992 der Öffentlichkeit übergeben. Die Autoren des Gebäudes sind Ing. Arch. Juraj Hlavica, Ing. Arch. Štefánia Rosincová und Ing. Arch. Márius Žitňanský.

190

Das Jonáš-Záborský-Theater in Prešov im Zentrum der Stadt mit einer Kapazität von über 600 Sitzplätzen im Theatersaal und mit weiteren großen Mehrzweckeräumen wurde am 14. 9. 1990 seinem Zweck übergeben. Das Projekt entwarfen die Architekten F. Jesenko, F. Zbuško und L. Domén.

191

Das Sanatorium Ozón im Kurort Bardejovské Kúpele mit der Kapazität von 200 Betten wurde nach einem Projekt von J. Schuster in den J. 1970–1976 erbaut. Seine Architektur mit der Kombination von Travertin, Beton und Glaswänden (Fenstern) in Aluminiumrahmen wirkt neben der Kolonade und der älteren wie den neueren Objekten wie ein markantes Element im Panorama des Kurortes.

192

Die Kolonade im Kurort Bardejovské Kúpele gehört zu den neuen Objekten, die in den 70-ger Jahren des 20. Jahrhunderts erbaut wurden. Im Kurort werden Krankheiten des Verdauungstraktes und nichtspezifische Erkrankungen der Atemwege behandelt. Nach den Kurorten Piešťany und Trenčianske Teplice ist Bardejovské Kúpele der dritte meistaufgesuchte Kurort in der Slowakei.

193

Das Kurhaus Pax in Trenčianske Teplice wurde nach 1960 erbaut. Der Kurort ist schon im J. 1379 schriftlich belegt und wird als der wichtigste in Ungarn erwähnt. Er wurde im 19. Jahrhundert vom Bankier Sina erbaut und popularisiert. (Das Kurhaus Sina mit dem Heilbad Haman, erbaut im orientalischen Stil.) Im Kurort werden Erkrankungen des Bewegungssystems und Nervenkrankheiten geheilt.

194

Das Sanatorium Krym und das Hotel Jalta in Trenčianske Teplice bilden ein neues modernes Zentrum im zweitbekanntesten Kurort der Slowakei. Das Sanatorium Krym mit einer Kapazität von 250 Betten im Liegeteil projektierte M. Šavlík, das Hotel Jalta mit einer Kapazität von 180 Betten entwarf V. Fašang.

195

Das Kurhaus Diamant im Kurort Dudince, 95 km von Budapest und 160 km von Bratislava entfernt. Mit den hiesigen Thermalbädern hängt auch die Besiedlung des Ortes schon in der älteren Bronzezeit zusammen. Ein markanter Aufschwung des Kurortes begann nach dem J. 1966, als mit dem Bau des ersten Kurortobjektes begonnen wurde. Hier werden Erkrankungen des Bewegungssystems und Nervenkrankheiten behandelt.

196

Das Sanatorium Central im Kurort Smrdáky im Záhorie-Gebiet, unweit von Senica gelegen, wurde im J. 1992 vollendet. Der Gründer und Mäzen des Kurortes war Josef Vietoris (1832). Die Gruppe von ursprünglich 14 Heilquellen liefern Salz- und Schwefeljodmineralwasser, mit dem man erfolgreich Hautkrankheiten und Erkrankungen des Bewegungssystems behandelt.

197

Turčianske Teplice – die Kurhäuser Modrý kúpeľ und Veľká Fatra. Das Kurhaus Modrý kúpeľ (Blaues Bad) mit einer Balneotherapie und einem Bassin ermöglicht zusammen mit älteren Objekten die Behandlung von 500 Patienten mit 1600 Prozeduren täglich. Das Kurhaus Veľká Fatra (164 Betten) wurde in den J. 1976–1984 nach einem Projekt von J. Vítek erbaut.

Auch dank dieses Objekts wuchs die Anzahl der Betten in den Kurorten der Slowakei seit 1949 auf fast das Dreifache an.

198

Das Haus der Kunst der Slowakischen Philharmonie in Piešťany wurde der Öffentlichkeit im J. 1980 zugänglich gemacht. Es hat einen Zuschauerraum für 620 Besucher und einen Orchesterraum für 80 Musiker. Das Gebäude wurde von F. Milučký projektiert, die Plastik vor dem Gebäude (Museum in stilisierter Volkskleidung) schuf E. Venkov.

199

Piešťany, das Kurhaus Balnea Esplanade von V. Uhliarik und Ch. Tursunov, wurde im J. 1980 fertiggestellt. Mit einer Kapazität von 520 Betten ist nur eines der neuen Objekte des Balneazentrums mit zusammen 1280 Betten auf der Badeinsel. Dieses Zentrum ist der ausgedehnteste balneotherapeutische Komplex in der Slowakei. Die weltbekannten Bäder in Piešťany werden von Patienten aus der ganzen Welt besucht.

200

Piešťany, der Quartierkomplex Thermia Palace war lange Jahrzehnte hindurch die architektonische Dominante der Bäderinsel des größten slowakischen Kurortes. Piešťany wird bereits in der Urkunde von Zobor des Königs Koloman I. aus dem J. 1113 erwähnt.

201

Das Gebäude des Kurhauses Irma mit dem Schlammbad in Piešťany wurde im J. 1912 vollendet und durch einen beheizten Gang mit dem Objekt Thermia Palace verbunden. Die erfolgreiche Heilung von Krankheiten des Bewegungssystems mit Bädern in 26–33 °C warmen Wasser in den Rehabilitierungsbassins und mit Hilfe von Schlammpackungen ist weltbekannt.

202

Das Krankenhaus mit der Poliklinik in Banská Bystrica. Der sanitäre Komplex wurde in den J. 1966–1981 nach einem Projekt von Š. Imrich erbaut. Die Zentralgebäude mit dem Krankenhaus in der Form des Buchstabens H (Hospital) haben 1108 Betten. Der Komplex bietet grundlegende sanitäre Dienstleistungen für 50 bis 60 000 Einwohner und hochspezialisierte gesundheitliche Dienste für mehr als anderthalb Millionen Einwohner der ganzen Mittelslowakei. Die Statuengruppe vor dem Gebäude ist ein Werk des Bildhauers Pavol Tóth.

203

Bratislava, das Verwaltungsgebäude der Incheba (Internationale Chemische Exposition in Bratislava) **im Ausstellungskomplex.** In der ersten Etappe (von J. 1978 an) wurden 20 000 m² Ausstellungsflächen, ein Hochhaus als Verwaltungsgebäude, ein Hotel mit 650 Betten, ein Mehrzweckekongreßsaal für 2 500 Personen usw. erbaut. Autor des Gebäudekonzeptes war Arch. V. Dedeček. In der vorbereiteten II. und III. Etappe des Aufbaus sollte der Komplex um 65 000 m² Ausstellungsflächen, um einen Personenhafen an der Donau und um weitere Anlagen erweitert werden.

204

Die Altstadt von Bratislava und die Neubauten im Stadtteil Petržalka vom Hügel Slavín aus. Im J. 1976 begann ein ausgedehnter Wohnungsbau in einer Siedlung für 158 000 Einwohner auf dem rechten Donauufer an der Stelle des alten, abgetragenen Stadtviertels Petržalka. Nach den Siedlungskomplexen Petržalka-Lúky und Háje wurde auch der ausgedehnte Wohnkomplex Dvory (für 24 000 Einwohner) aufgebaut.

205

Bratislava, der Fernsehsender auf dem Hügel Kamzík projektierten S. Májek, J. Tomašák, J. Kozák, M. Jurica und J. Privitzer. Auf dem zentralen slowakischen Sender in einer Höhe von 505 m ü. d. M. befindet sich etwa 78 m über dem Terrain ein Aussichtskaffeehaus für 80 Besucher mit einem Drehfußboden. Der Bau des Senders mit einem Bauaufwand von 120 000 000 Kronen wurde in den J. 1967–1969 realisiert.

206

Die Fakultät für Bauwesen der Slowakischen Technischen Universität in Bratislava gehört zu jenen Gebäuden, an denen die ersten Erfahrungen mit neuen Bautechnologien gesammelt wurden. Das Gebäude mit einer

169

Das Museum des slowakischen Dorfes in Martin. Mit dem Aufbau der ethnographischen Freilichtexposition wurde im J. 1972 in der Lokalität Jahodnícke háje begonnen, sie ist ein Bestandteil des Ethnographischen Museums des Slowakischen Nationalmuseums. Nach seiner Vollendung soll dieses gesamtslowakische Freilichtmuseum der Volksbaukunst über 120 Objekte umfassen, womit ein Traum des Ethnographen Andrej Kmeť und des Architekten Dušan Jurkovič erfüllt sein wird.

170

Ein volkstümliches Dreiraumhaus in der Ortschaft Bartošova Lehôtka, restauriert im J. 1982, beweist, daß man auch im Weichbild einer Gemeinde so manches Schmuckstück der Volksbaukunst erhalten kann.

171, 172

Junge Frauen und ein Mann in goralischer Tracht aus dem oberen Orava-Gebiet. Die grundlegende Einteilung der slowakischen Trachten nach den einzelnen Regionen läßt sich ungefähr in 32 regionale Gruppen bestimmen. Die Ehrerbietung nicht nur vor den Trachten, sondern auch vor den Volkstraditionen ist in den Folkloreensembles tief verwurzelt, sie müssen heute unter neuen, komplizierten ökonomischen Bedingungen ihr neues Gesicht suchen.

173

Das Museum der Volksbaukunst der Region Orava in Brestová bei Zuberec im Zugang zum Gebirge Roháče (begonnen im J. 1975) ist nur eines der regionalen Freilichtmuseen in der Slowakei, die zum Teil bereits aufgebaut sind oder sich noch im Bau befinden (Nová Bystrica-Vychylovka, Pribylina, Stará Ľubovňa, Halič), weitere werden vorbereitet.

174

Liptovské Revúce, ein altes Holzhäuschen in der Region Liptov mit einem Schindeldach inmitten neuer gemauerter Häuser in einer Gemeinde – das ist heute schon eine Seltenheit, die uns an die geschickten Hände und an das ästhetische Empfinden unseres Volkes erinnern, das hier wahrlich kein leichtes Leben hatte.

175

Die Reste eines alten Eisenhammerwerkes oberhalb der Gemeinde Nižný Medzev (Untermetzenseifen). Das Wasser hat keinen Grund mehr das Treibrad zu drehen. Zusammen mit dem Frost, dem Eis, dem Wind und der Sonne nagt die Zeit unaufhörlich an den letzten Tagen der alten Maschinen.

176

Sirk-Červeňany, ein slowakischer Hochofen aus dem 19. Jahrhundert erinnert als wichtiges technisches Denkmal daran, daß es in der Slowakei im J. 1870 noch 54 solcher Hochöfen gab; die meisten von ihnen standen gerade hier, im Gebirge Slovenské rudohorie (Slowakisches Erzgebirge).

177

Das Feuer des Himmels und der Erde über dem chemischen Kombinat Slovnaft in Bratislava schafft ein Bild, das Bratislava in der Vergangenheit nicht kannte. Der neue Industriegigant verarbeitet seit 1962 vor allem Erdöl aus dem russischen Territorium zu modernen Produkten der Petrochemie. Das Kombinat Slovnaft ist der größte Exporteur von Produkten der chemischen Industrie in der Slowakei.

178

Die Wendepunkt-Waldseisenbahn in Vychylovka (Nová Bystrica im Orava-Gebiet.) Sie ist etwas Besonderes deshalb, weil sie den Höhenunterschied von fast 400 Metern in den entscheidenden Stellen ohne Kurven im Abhang mit Rückwärtsfahren und entgegengesetzem Anfahren in den höheren Abhang überwindet. Dadurch benötigt sie viel weniger Platz, nicht nur für das Gleis, sondern auch für die baulichen Eingriffe in das Terrain.

179

Die alte Waldschmalspurbahn bei Čierny Balog repräsentiert den Rest eines Verkehrsmittels zum Abtransport des gefällten Holzes. Der Dampf im Verkehrswesen hatte bei uns einen schweren Anfang und ein trauriges Ende. Die erste Eisenbahn in der Slowakei schon in der Zeit der Dampfeisenbahn war die Pferdeeisenbahn Bratislava – Trnava – Sereď (1839–1846). Der Grund? Das Futter für die Pferde war billiger als die Kohle.

180

Skalica, das erste slowakische Kulturhaus aus den J. 1904–1905 ist ein bemerkenswertes Bauwerk im Sezessionsstil in der Region Záhorie. Das Gebäude, ursprünglich als Vereinshaus bezeichnet, entwarf Arch. Dušan Jurkovič. An seiner künstlerischen Ausgestaltung wirkten auch die Maler Mikoláš Aleš und Joža Úprka mit; der zweitgenannte war ein Maler des Volkslebens in der Mährischen Slowakei.

181

Považská Bystrica, Vitragen des Gesellschaftshauses vom akademischen Maler Róbert Dúbravec.

182

Der Grabhügel des Generals Milan Rastislav Štefánik auf der Felsklippe Bradlo, des Mitbegründers des tschecho-slowakischen Staates im J. 1918, der mit Unterbrechung 67 Jahre dauerte. Als Štefánik am 4. Mai 1919 mit einem Militärflugzeug vom Typ Caproni aus Italien nach Bratislava zurückkehrte, stürzte der Doppeldecker kurz vor der Landung bei Bratislava aus ungeklärten Gründen ab und Štefánik kam mit seiner Begleitung ums Leben. Der Grabhügel wurde in den Jahren 1927–1928 nach einem Projekt des Nationalkünstlers Architekt Dušan Jurkovič errichtet. Gegenwärtig wird der Grabhügel rekonstruiert. Ein kleiner pietätvoller Grabhügel am Ort des Flugzeugabsturzes steht auch in Ivánka bei Bratislava.

183

Das Museum des Slowakischen Nationalaufstandes in Banská Bystrica wurde im J. 1955 errichtet. Das Gebäude ist ein Werk von Ing. Arch. Dušan Kuzma. Die Expositionen des antifaschistischen Museums wurden im J. 1969 eröffnet und im J. 1984 sowie mehrmals nach dem J. 1990 neuhergerichtet. Im Hintergrund des Bauwerks steht eine Bastei, ein Überbleibsel der Fortifikationsbauten der mittelalterlichen Befestigung der Stadt.

184

Bratislava, die Slowakische Nationalgalerie. Das ursprüngliche Theresianische Gebäude der ehemaligen Kaserne überbrückt (anstelle des schon früher abgetragenen vierten Flügels) eine Stahlkonstruktion mit einer Spannweite von 54,5 m, was eine visuelle Verbindung und die Ansicht auf das historische Gebäude vom Donauquai aus ermöglicht. Die architektonische Lösung des Anbaus von V. Dedeček (erbaut in den J. 1967–1969) ist nur ein Fragment des ursprünglich projektierten Bauvorhabens, in dem das Gelände komplex bis zu den Hotels Devín und Carlton architektonisch gelöst war.

185

Das Grabmal von Andrej Kmeť, den ersten Vorsitzenden der Slowakischen Musealgesellschaft, auf dem Nationalfriedhof in Martin erinnert uns an den eifrigen Organisator des slowakischen wissenschaftlichen Lebens. Er bemühte sich um den wirtschaftlichen Aufschwung der Slowaken, war ein Vorkämpfer der Gründung der Slowakischen Musealgesellschaft (im J. 1895), deren Vorsitzender er bis zu seinem Tode war.

186

Im Museum – Atelier des Nationalkünstlers Martin Benka in Martin. M. Benka war eine Gründerpersönlichkeit der slowakischen nationalen Malerei. Sein gesamtes Werk schenkte er im J. 1960 dem Staat, wofür ihm eine Atelier-Galerie erbaut wurde, in der er bis zu seinem Lebensende tätig war. Eine solche Ehre wurde auch dem Maler und Nationalkünstler Ľudovít Fulla zuteil, der eine vielmehr ausgebaute Galerie in seiner Geburtsstadt hat.

187

Martin, Detail des dritten Gebäudes der Matica slovenská auf dem Hügel Hostihora, erbaut in den J. 1964–1975 nach einem Projekt von D. Kuzma unter der Mitarbeit von A. Cimmermann. Der hohe Teil der neuen Dominante in der Silhouette der Stadt Martin wurde mittels eines Systems von Eisenbetondecken aufgeführt, die an einem monolithischen Kernstück emporgehoben wurden.

188

Der große Saal des ehemaligen Hauses der Gewerkschaften in Bratislava. Er bildet den Hauptraum für kulturelle und gesellschaftliche Veranstaltungen mit einer Kapazität von 1280 Sitzplätzen des Kunst-,

Nutzfläche von 31 000 m^2 wurde in den J. 1964–1973 nach einem Projekt von O. Černý erbaut.

207

Das universale Betriebsgebäude in Bratislava-Petržalka ist in das künftige südliche Zentrum der Gebäudekomplexe der Hauptstraße lokalisiert. Zwei Hochbauten für 1200 Verwaltungsbeamte realisierte der Betrieb Hydrostav in den J. 1980–1990. Autor des Projektes ist Rudolf Masný.

208

Das Gebäude des Slowakischen Rundfunks in Bratislava wurde im J. 1985 vollendet. Die komplizierte Stahlkonstruktion in der Form einer umgekehrten Pyramide, aufgehängt an einem Eisenbetonkern, nützt die zur Verfügung stehende Fläche in der Nähe zweier wichtiger Kommunikationen in neueren Teil des Stadtzentrums in maximaler Weise aus. Das atypische Gebäude wurde von Š. Svetko, Š. Ďurkovič und B. Kisling im Staatlichen Forschungs-, Projektions- und Typisierungsinstitut in Bratislava entworfen.

209

Bratislava, die Neue Brücke und die Donau aus der Vogelperspektive. Die Konstruktion des Pylonen symbolisiert die neuen Perspektiven und die Dynamik der Entfaltung des architektonischen Schaffens. Die Lösung seiner Konstruktion wurde zu einem Vorbild auch für ausländische Architekten. Autoren des Projektes sind J. Lacko, L. Kašnír und I. Slameň, der Konstruktionsteil wurde von A. Tesár, E. Hladký und P. Dutko entworfen. Die Brücke wurde im J. 1972 in Betrieb genommen. Die Umgebung von Bratislava gilt als die perspektivste Region im gegenwärtigen Europa. So wird die Stadt Bratislava und die ganze Slowakei nicht nur symbolisch, sondern auch tatsächlich zu einer wichtigen Kreuzung des Schiffs-, Straßen- und Eisenbahnverkehrs sowie der Unternehmer im Handel, in der Touristik und im Reiseverkehr.

210

Der Beratungssaal des slowakischen Parlamentes und weitere Räumlichkeiten sind mit edlen Hölzern verkleidet als einem tragenden Element der gesamten Konzeption des Interieurs. Die gewählten Ausdrucksmittel potenzieren die gesellschaftliche Bedeutung des architektonischen Werkes und gestalten mit eindrucksvollen Merkmalen die Monumentalität und die Einzigartigkeit des Nationalrates der Slowakischen Republik.

211

Das Gebäude des Nationalrates der Slowakischen Republik in Bratislava auf dem Berg Vodný vrch westlich von der Burg Bratislava wurde mit einem Kostenaufwand von 350 000 000 Kronen in den Jahren 1985–1994 erbaut, wobei die primäre architektonische Bedeutung der Burg respektiert wurde. An den Projekten arbeiteten mit Prof. Ing. Arch. Ľudovít Jendreják, der Verdiente Künstler Akad. Arch. Ing. Peter Puškár CSc. und Ing. Arch. Ján Šilinger mit. An der künstlerischen Ausgestaltung des Objektes beteiligten sich sieben namhafte slowakische bildende Künstler.

Auf der Vorderseite des Umschlags: Der Berg Choč (1611 m) von der Spitze Magura in der Großen Fatra aus.
Auf der Rückenseite des Umschlags: Die Burg Bratislava und der St.-Martinsdom von den Dächer der Altstadt.